TANJA DUSY
INGA PFANNEBECKER

VEGAN FOR FUTURE

160 REZEPTE & GUTE GRÜNDE, KEINE TIERISCHEN PRODUKTE ZU ESSEN

FÜR MEHR TIERWOHL

EMF
EIN BUCH DER
EDITION MICHAEL FISCHER

INHALT

Gemüsesuppen, Seite 110

Wurzelgemüse-Quinoa-Salat, Seite 100

Apfel-Brombeer-Crumble, Seite 176

Winter-Bowl, Seite 121

Guacamole, Seite 70

Kartoffelsuppe mit Knusper-Kichererbsen, S.113

SALATE, SUPPEN UND EINTÖPFE 93

HAUPTGERICHTE 119

Schnelles Tiramisu, Seite 170

Pasta, Seite 132

VEGAN FOR FUTURE

„Corona hat Deutschland fest im Griff“, dieser seltsam anmutende Satz tauchte in der vergangenen Zeit ständig in den Medien auf. „Wir befinden uns noch immer in der Krise“ ein anderer. Ja wirklich? Bei einer Joggingtour durch den Englischen Garten vor einigen Tagen hatte ich einen anderen Eindruck. Auf den Rasenflächen türmte sich der Abfall, es wirkte, als sei ein Müllauto mitten auf der Wiese umgekippt: haufenweise leere Flaschen, Take-away-Behältnisse vom Imbiss, Papier- und Plastiktüten– alles Überbleibsel, der intensiven, angesichts geschlossener Clubs nun eben Open-Air stattfindenden Feiern.

Einerseits verstehe und freue ich mich über die Lebensfreude, mit der die Menschen versuchen, die sogenannte „Corona-Krise“ schnellstmöglich hinter sich zu lassen und zum Alten, Gewohnten zurückzukehren. Anderseits erscheinen mir diese Müllberge wie ein Sinnbild und Mahnmal für unseren Umgang mit Krisen – auch mit jener, die uns letztlich noch existentieller bedroht. Der **beängstigende, extrem fortschreitende Klimawandel, die Erderwärmung und die damit verbundenen Folgen für Mensch und Natur** scheinen aktuell weit aus dem Blick geraten zu sein.

Dabei stehen **diese Probleme dringlicher denn je** an. Die Anzeichen mehren sich, dass die kritische 1,5-Grad Marke der **globalen Temperaturerwärmung in den nächsten fünf Jahren geknackt werden könnte**. Aus diesem Grund hatten wir, zwei Kochbuchautorinnen und Mütter von zwei Kindern, bereits das Buch „Veggie for Future“ geschrieben – vor der „Corona-Krise“. Und dieser Nachfolgeband erscheint uns heute daher umso wichtiger.

Wir müssen etwas ändern und dürfen nicht länger an Altgewohntem festhalten. **Nicht zuletzt, was unsere Ernährung und unser Konsumverhalten rund ums Essen angeht.** Da vor allem unser übermäßiger Bedarf an Fleisch und tierischen Produkten eine wesentliche Ursache vielfältiger Umweltprobleme darstellt, sind wir der Ansicht, dass sich hier etwas bewirken lässt. Ein Ansatz soll dieses Buch sein, das beweist, dass **Essen ohne Tier eine Alternative** ist – eine äußerst genussvolle sogar! Mit **vielen Informationen, Tipps und Vorschlägen rund um das Thema vegane Ernährung, Ess-, Koch- und Konsumverhalten** möchten wir einen kleinen Beitrag dazu leisten, nicht völlig erstarrt und bewegungslos auf die nächste große Krise zu warten.

Jeder kann etwas tun und bei sich zu Hause in der Küche anfangen. Dabei möchten wir mit diesem Buch ein wenig helfen. Wir sind uns bewusst, auch hier nicht alle Probleme und Widersprüche lösen zu können. Aber wir möchten mit diesem Buch **den Blick schärfen und alle ermutigen, genauer hinzusehen** und sich selbst zu informieren, was geändert werden kann. Oft reichen kleine Schritte: Keiner muss von heute auf morgen (Voll-)Veganer werden. Aber vielleicht machen unsere Rezepte ja Lust, ab und an einen „Vegan-Day“ einzulegen, oder unsere Tipps helfen nachhaltiger zu Kochen und somit etwas mehr Müll zu vermeiden. Das wäre immerhin **ein erster Schritt auf dem Weg aus der Krise.**

ESSEN GANZ OHNE TIER

Unsere Art zu essen hat Auswirkungen auf uns, unsere Umwelt und das Klima. Wer (häufiger) vegan isst, setzt hier ein Zeichen.

Viele von uns sehen immer deutlicher, wie sehr unsere Ernährungsgewohnheiten Anteil an Ressourcenverschwendung, Klimawandel und Umweltzerstörung haben: allein durch die Wahl der Lebensmittel, die wir tagtäglich essen – oder im schlimmsten Fall sogar einfach wegwerfen. Ihre Produktion, ihr Transport, ihre Zubereitung und Lagerung verursacht in Deutschland jährlich ebenso viel schädliches CO_2 wie Verkehr und Reisen. Wer also dem Klima zuliebe das Auto (häufiger) stehen lässt und sich aufs Rad schwingt, der oder die sollte auch darüber nachdenken, was morgen auf den Tisch kommt.

Fleisch und tierische Produkte spielen hier eine ganz zentrale Rolle. Sie sind in der Herstellung weitaus energieaufwändiger, weniger nachhaltig und verursachen in wesentlich höherem Maß schädliche Klimagase als pflanzliche Kost. Wer in Zukunft also nachhaltiger und besser essen möchte, der sollte (öfter mal) ganz ohne Tier essen.

5 GUTE GRÜNDE, (HÄUFIGER) VEGAN ZU ESSEN

1 EINFACH ZU VIEL

Seit Anfang der 1960er Jahre hat sich der Fleischkonsum weltweit mehr als vervierfacht – mit global steigender Tendenz. Und auch wenn der Pro-Kopf-Verzehr in Deutschland mit rund 60 Kilogramm pro Jahr inzwischen wieder minimal abgenommen hat, liegt er doch immer noch doppelt bis dreifach höher als die Deutsche Gesellschaft für Ernährung (DGE) empfiehlt. Und das, obwohl Studien belegen, dass übermäßiger Fleischkonsum – vor allem von rotem Fleisch – das Risiko für Darmkrebs erhöht; bei mehr als 100 g über den von der DGE empfohlenen 300-600 g pro Woche sogar um fast 50 Prozent! Zudem verstärkt eine Ernährung mit übermäßig tierischen Fetten und Cholesterin die Anfälligkeit für Übergewicht, Herz- und Gefäßerkrankungen.

Darum: ***Bereits weniger ist mehr: Wer nicht komplett auf Fleisch verzichten mag, sollte ein gesundes Maß im Rahmen der von der DGE empfohlenen 300-600 g pro Woche ansteuern und zwischendurch auch mal vegane Tage ganz ohne Fleisch und tierische Lebensmittel einplanen.***

2 ZU WENIG FÜR ZU VIELE

Über 820 Millionen Menschen leiden aktuell weltweit an Hunger, und diese Zahl wird nach Expertenberechnung weiter steigen. Nicht zuletzt durch die konstant steigende Nachfrage nach Fleisch und tierischen Produkten wie z.B. Milch. Dafür wird immer mehr landwirtschaftliche Nutzfläche für den Anbau von Viehfutter verwendet: allein in Deutschland 70 Prozent der Gesamtagrarfläche. Da der Bedarf an Viehfutter – auch in Deutschland – damit trotzdem nicht gedeckt werden kann, wird Futtermittel aus Übersee importiert. Dort wird Regenwald gerodet, Wälder in Felder umgewandelt und eh knappes Grundwasser zur Bewässerung verwendet. Das geht nicht nur zu Lasten eines empfindlichen ökologischen Gleichgewichts, sondern auch all jener Menschen, die bereits heute Hunger leiden. Getreide, Mais und Soja, die als Futtermittel angebaut werden, könnten hier wesentlich effektiver als direkte Nahrung dienen. Der Fleischhunger weniger geht damit zu Lasten vieler Benachteiligter.

Darum: ***Der Verzicht auf tierische Lebensmittel macht potentiell mehr Menschen satt, schützt den Regenwald, die Artenvielfalt und erhält das ökologische Gleichgewicht – auch im eigenen Land.***

3 TIERISCHE PRODUKTE SIND ZU TEUER

Auch wenn das Schnitzel oder das Päckchen Butter im Supermarkt als Schnäppchen zu haben sind: Ihr Preis steht in keinem rechten Verhältnis zum hohen Ressourcenverbrauch und den damit verbundenen Umweltbelastungen, die ihre Herstellung mit sich bringt. Im Gegensatz zu pflanzlichen Nahrungsmitteln wird für tierische Produkte wesentlich mehr Fläche (Weidefläche plus Futteranbaufläche) benötigt: Für jeweils 1000 Kilokalorien Nahrungsenergie benötigt Rindfleisch 3,7 Quadratmeter Fläche, Brot dagegen nur 0,9 und Kartoffeln sogar nur 0,3 Quadratmeter. Dasselbe gilt für den Wasserverbrauch: Für die Produktion von 1 kg Rindfleisch werden sagenhafte 15 500 Liter Wasser benötigt, für 1 kg Kartoffeln gerade einmal 250 Liter.

Darum: ***Beim Einkauf besser in pflanzliche Produkte investieren – das schont wichtige Ressourcen und dient so dem Umweltschutz.***

4 TIERISCHE PRODUKTE BELASTEN DAS **KLIMA**

Jeder Kuhpups zählt, doch nicht nur der: Vor allem Milchkühe, aber auch alle anderen Nutztiere stoßen durch ihre Verdauung große Mengen klimaschädliches Methan aus. Durch die Umwandlung von Natur zu Weidefläche, Fütterung, Düngung, anfallenden Mist und Gülle werden zusätzlich klimaschädliche Gase wie z.B. Lachgas und CO_2 produziert. Besonders die Abholzung von (Regen-)Wald zugunsten von Weidefläche (wie in großem Stil im Amazonasgebiet betrieben) schadet doppelt: Sie setzt im Boden gelagertes CO_2 frei und zerstört Bäume, die in der Lage sind, CO_2 in Sauerstoff umzuwandeln. In der Summe erzeugt jedes in Deutschland verkaufte Kilo Rindfleisch im Schnitt gut 12 Kilo CO_2 – eine Kartoffel dagegen gerade einmal 0,4 Kilogramm.

Darum: ***Laut Klimarechner des Umweltbundesamtes werden jährlich rund 11,6 Tonnen CO_2 pro Kopf verursacht, wobei 1,74 Tonnen auf Ernährung entfallen. Ein Viertel davon könnte aber gespart werden, wenn sich alle Deutschen vegetarisch bzw. vegan ernähren würden.***

5 LEBEWESEN STATT „PRODUKTE“

Der am Ende wohl wesentlichste Grund für Veganismus ist der Respekt vor anderen Lebenwesen und die Erkenntnis, dass hinter jedem „tierischen Produkt“ ein leidensfähiges Lebewesen steht. Rund 750 Millionen Tiere werden jährlich in Deutschland geschlachtet. Davor verbringen 98 Prozent aller Tiere ihr Leben in Massentierhaltung: unter zumeist tierunwürdigen, artungerechten Bedingungen, in engen Käfigen und Ställen, auf Hochleistung gezüchtet und mit Antibiotika und Hormonen behandelt, fristen sie ein trauriges Dasein bis zum Ende im Schlachthof. Wer einmal hinter die Kulissen der Massentierhaltung schaut, dem vergeht schnell der Appetit auf Billighackfleisch und Eier zu Dumpingpreisen.

Darum: ***Wer nicht vollständig auf Fleisch und tierische Lebensmittel verzichten kann oder möchte, sollte den Tieren gegenüber trotzdem Respekt zeigen und ihnen ein tierwürdiges Leben ermöglichen. Besser kein oder nur ab und an Tier essen, und beim Kauf von Bio-Produkten aus artgerechter Haltung etwas tiefer in die Tasche greifen.***

WAS BEDEUTET VEGAN ESSEN?

Im Prinzip lässt sich vegane Ernährung ganz einfach als Verzicht auf tierische Produkte definieren: Weder Fleisch, Fisch, Meerstiere, Milch(-Produkte), Eier und Honig stehen auf dem Speiseplan. Das klingt einfach und ist es bei Beschränkung auf unverarbeitete Produkte auch: Vegan sind alle pflanzlichen Lebensmittel wie Gemüse- und Obstsorten, Getreide, Hülsenfrüchte (damit auch Soja-Produkte) Nüsse, Saaten und reine Pflanzenöle. Schwieriger wird es bei verarbeiteten Lebensmitteln. Wer hier streng vegan auswählen will, sollte ein wenig Bescheid wissen: Pasta gibt es mit und ohne Ei, Backwaren werden oft mit Eiern, Milch, Butter oder Schweineschmalz (auch in Glasuren) hergestellt, Süßigkeiten enthalten häufig Milch (Schokolade) oder Gelatine (aus Knochen hergestellt), Wein und Essig wird teils mit Gelatine geklärt. Bei vielen Fertigprodukten muss streng genommen zusätzlich das Verzeichnis der enthaltenen Inhaltsstoffe genau studiert werden. Hinter den harmlos klingenden Bezeichnungen mehrerer Zusatzstoffe verbirgt sich nämlich ebenfalls Tier: E 441 ist Gelatine, E 901 Bienenwachs, E 120 bezeichnet den roten Farbstoff Karmin aus einer bestimmten Schildlausart. Eine ganze Reihe weiterer E-Zusatzstoffe können, müssen aber nicht tierischen Ursprungs sein. Wer hier genauer Bescheid wissen möchte, findet Informationen z.B. unter www.lebensmittelklarheit.de (eine Seite des Verbraucherzentralen Bundesverbands).

Darum: ***Um zweifelsfrei vegan zu essen, am besten weitgehend auf verarbeitete Lebensmittel verzichten – genau wie wir das in unserem Buch tun. Dann ist nicht nur klar, dass kein Tier, sondern auch keine anderen unnötigen, bzw. sogar ungesunden Inhaltsstoffe auf dem Teller landen.***

2 EXTREM WICHTIGE GRÜNDE, (MEHR) VEGAN ZU ESSEN

1 VEGAN HAT DIE BESSERE ÖKOBILANZ

Egal ob man den ökologischen Fußabdruck durch Treibhausgase oder die für die Produktion benötigte Menge an genutzter Fläche und Wasser anschaut: Pflanzliche Lebensmittel schneiden im Vergleich zu tierischen Produkten so gut wie immer, häufig sogar drastisch besser ab. Wie genau, lässt sich in unterschiedlichen „Klima- oder CO_2-Rechnern" im Internet checken, bei denen man teilweise auch seinen ganz persönlichen CO_2-Fußabdruck berechnen kann (siehe Seite 190).

Darum: ***Vegan essen ist eine Ernährungsweise mit Zukunft – selbst wer nur ab und an ganz auf Tier verzichtet, isst nachhaltiger.***

2 VEGAN IST RUNDUM GESUND

Lange wurde fleischlose Kost als kritisch oder sogar gefährlich eingeschätzt. Heute sind sich Wissenschaftler im Prinzip einig: Auch Veganer können sich ausgewogen und ohne Mangelerscheinung ernähren. Im Gegenteil: Vegetarier und Veganer essen meist weniger Eiweiß und Fett, sind daher oft schlanker und weniger anfällig für Herz-Kreislauf-Erkrankungen und Diabetes. Das liegt aber nicht nur am Verzicht auf Tier. Durch vermehrten Verzehr von Gemüse, Obst und Vollkornprodukten sind sie meist besser mit Vitaminen und Mineralstoffen versorgt als Mischköstler. Prinzipiell gelten für Veganer im Hinblick auf den Bedarf an Nährstoffen ähnliche Empfehlungen, wie sie die Deutsche Gesellschaft für Ernährung (DGE) auch für Vegetarier und Fleischesser vorgibt (siehe rechts). Wer pflanzliches Eiweiß, komplexe Kohlenhydrate, Fette, Mineralstoffe und Vitamine gut kombiniert, ist rundum gut versorgt (siehe Seite 14–15). Lediglich ein langfristiger Mangel an Vitamin B_{12}, das nur in tierischen Produkten vorkommt, stellt ein Problem für Veganer dar. Eine dauerhafte Unterversorgung kann zu irreparablen neurologischen Schäden führen. Da bis jetzt ungeklärt ist, ob hier wie oft vorgeschlagen, fermentierte pflanzliche Lebensmittel wie z.B. Sauerkraut oder Algen eine Alternative bieten, wird bei ausschließlich veganer Ernährung zu Ersatz geraten: in Form von Vitaminersatzpräparaten oder z.B. auch in Form von mit B_{12} angereicherten Sojaprodukten, pflanzlichen Milchersatzprodukten oder spezieller Zahnpasta.

Darum: ***Wer als Veganer auf einen ausgewogenen, guten Nährstoffmix – wie bei unseren Rezepten – achtet, dem fehlt prinzipiell nichts. Allerdings sollten alle, die längere Zeit vollkommen auf tierische Lebensmittel verzichten, regelmäßig ihre Versorgung mit Vitamin B_{12} ärztlich testen lassen und gegebenenfalls nach ärztlicher Empfehlung für Ersatz sorgen.***

Die vegane Ernährungspyramide in Anlehnung an die Empfehlungen der DGE und ProVeg Deutschland.

WAS VEGANER NOCH BRAUCHEN UND WISSEN SOLLTEN

SUPPLEMENTIERUNG

Vitamin B_{12}

Das lebenswichtige Vitamin kommt nur in tierischen Lebensmitteln in ausreichender Menge vor. Wer sich dauerhaft vegan ernährt, sollte die Versorgung mit dem Vitamin deshalb regelmäßig vom Hausarzt kontrollieren lassen und evtl. entsprechend Nahrungsergänzungsmittel einnehmen.

Vitamin D

In der wärmeren Jahreszeit kann das Vitamin durch Sonneneinstrahlung in der Haut gebildet werden – dazu reichen im Prinzip 30 Minuten draußen. Während Mischköstler ihren Bedarf in den sonnenarmen Monaten von Oktober bis April über tierische Lebensmittel gut decken können (fetter Fisch, Käse und Innereien), kann für Veganer eine Supplementierung sinnvoll sein.

Jod

Die Verwendung von mit Jod angereichertem Speisesalz und der regelmäßige Verzehr von Algen bzw. Algenprodukten kann einen guten Beitrag zur Versorgung leisten. Manchmal reicht das jedoch nicht aus und die Einnahme eines Jod-Präparates kann – nach ärztlicher Rücksprache – sinnvoll sein.

GUT ZU WISSEN

Eiweiß aus pflanzlichen Lebensmitteln ist weniger gut verwertbar für unseren Körper als aus tierischen Lebensmitteln. Durch clevere Kombination von verschiedenen pflanzlichen Eiweißquellen lässt sich das jedoch verbessern. So wird pflanzliches Eiweiß sogar wertvoller als das berühmte „kleine Steak". Mehr Infos zu geschickten Protein-Kombis findet Ihr auf Seite 15.

Fette in pflanzlichen Lebensmitteln bestehen fast immer aus gesunden ungesättigten Fettsäuren. Eine Ausnahme ist Kokosöl, das reich an gesättigten Fettsäuren ist und daher nur in kleinen Mengen verwendet werden sollte. Auch hochverarbeitete Fertigprodukte wie z.B. Fleischalternativen enthalten oft gesättigte und/ oder gehärtete Fette, die in größeren Mengen schädlich für Herz und Blutgefäße sein können. Um eine gute Versorgung mit den wertvollen Omega-3-Fettsäuren zu gewährleisten, kann es sinnvoll sein, täglich 1–2 TL mit DHA angereichertes Leinöl zu sich zu nehmen.

Kalzium steckt vor allem in grünen Gemüsesorten wie Grünkohl und Brokkoli, Nüssen wie Hasel- oder Paranüsse, Sesam, Tahin, getrockneten Feigen, Tofu und in mit Kalzium angereicherten Milchalternativen. Diese Lebensmittel sollten daher regelmäßig auf den Tisch kommen. Einen guten Beitrag zur Kalziumversorgung kann auch kalziumreiches Mineralwasser mit mehr als 150 mg Kalzium pro Liter leisten.

Eisen aus pflanzlichen Lebensmitteln kann unser Körper weniger gut aufnehmen als aus tierischen Quellen. Vitamin C verbessert die Aufnahme jedoch erheblich. Deshalb zu eisenhaltigen Lebensmitteln wie z.B. Vollkorngetreide immer Vitamin-C-reiches wie Paprika oder etwas frisch gepressten Orangensaft reichen.

EIN GUTER GRUND, DIESE LEBENSMITTEL HÄUFIGER ZU KOMBINIEREN

Eiweiß aus pflanzlichen Lebensmitteln ist für den Körper weniger gut verwertbar als das aus tierischen Lebensmitteln. Ihre biologische Wertigkeit – die angibt, inwieweit die Zusammensetzung des Eiweißes dem körpereigenen Eiweiß entspricht – lässt sich durch geschickte Kombination von verschiedenen Eiweißquellen jedoch erhöhen. Im Mix kann Pflanzeneiweiß dann sogar hochwertiger als tierisches Protein sein. Ideal ist die Kombination von Hülsenfrüchten mit Vollkorngetreide oder Kartoffeln oder Nüssen. Vollkornnudeln mit Linsen- oder Sojabolognese, Hummus auf Vollkornbrot oder zu Ofenkartoffeln, Mais-Tortillas mit Bohnen oder Vollkornnudeln mit Cashewsauce sind zum Beispiel perfekte Protein-Paare.

Darum: *Die Eiweiße ergänzen sich auch, wenn sie nicht in einer Mahlzeit zusammen gegessen werden, sondern selbst dann, wenn sie innerhalb von 4–6 Stunden hintereinander gegessen werden. Ein paar Nüsse oder eine Portion Hummus mit Knabbergemüse als Snack zwischen den Hauptmahlzeiten können so ebenfalls eine tolle Ergänzung in Sachen Protein sein.*

KOCHEN OHNE TIER

Aus ernährungswissenschaftlicher Sicht spricht eigentlich nichts gegen vegane Ernährung. Trotzdem sollte man sich genau anschauen, worauf man verzichten muss, kann und will.

Vegan kochen klingt zunächst einfach, eben einfach ohne Tier. In der Praxis wird aber klar, dass das oft etwas schwieriger ist: die Quiche ohne Sahneguss, die Pizza ohne Käse und den Kuchen ohne Ei. Für vieles gibt es durchaus praktikable Lösungen, wie z.B. Soja- oder andere Milch auf Pflanzenbasis aus dem Supermarkt, das fast zum Standard gewordene, selbst angerührte „Leinsamenei" (siehe Seite 48), oder ein selbstgemachter Pizzakäse (siehe Seite 138).

Trotzdem scheint manchmal einfach etwas auf dem Teller zu fehlen: Neben Gemüse oder Salat und einer „Sättigungsbeilage" wird darauf traditionell Fleisch, Fisch oder Ei gemeinhin als „Hauptsache" angesehen. Nicht ganz zu Unrecht, denn tierische Produkte enthalten in besonderem Maße Eiweiß, das einen wesentlichen, lebensnotwendigen Bestandteil unserer täglichen Ernährung darstellt. Tierisches Eiweiß adäquat durch rein pflanzliches zu ersetzen ist eine kleine, aber nicht unlösbare Herausforderung – und das führt dazu, dass vegane Teller häufig etwas anders aussehen als gewohnt. Auch bei unseren Rezepten: Wir finden es aus vielerlei Gründen nicht sinnvoll, das Schnitzel einfach durch ein fertig gekauftes Sojasteak zu ersetzen. Unsere Rezepte sollen vielmehr Ideen für neue Gerichte liefern, die auch ohne tierische Produkte rundum ausgewogen, gesund und nachhaltig sind: mit frischen, möglichst unverarbeiteten Produkten, die in ihrer Zusammenstellung einen neuen, spannenden Geschmackstwist bekommen, so dass keiner Fleisch oder andere tierische Zutaten vermisst.

VEGAN IST RUNDUM **GESUND**

Ein wesentlicher Baustein unserer Ernährung ist Eiweiß; es wird von unserem Körper fortwährend für unterschiedlichste Funktionen wie z.B. zum Aufbau und zur Erneuerung von Gewebe (Muskeln) benötigt. Ohne Eiweiß wären wir nicht lebensfähig und sollten darum laut Empfehlung der Deutschen Gesellschaft für Ernährung (DGE) täglich 0,8 g davon zu uns nehmen. Tierische Produkte wie Fleisch, Milchprodukte und Eier sind besonders hochwertige Eiweißquellen. „Hochwertig", da ihr Eiweiß eine optimale Zusammensetzung an Aminosäuren aufweist, die für unseren Körper „essentiell" sind. All diese Aminosäuren kommen zwar auch in Pflanzen vor, allerdings in geringerem Maße bzw. in ungünstigeren Mengenverhältnissen. Die „biologische Wertigkeit" pflanzlicher Lebensmittel ist damit durchwegs geringer als die tierischer. Kein Wunder also, dass herkömmlich Fleisch, Fisch oder ein Ei als „Hauptsache" einer Mahlzeit gilt. Trotzdem ist der Verzicht auf hochwertiges tierisches Eiweiß kein Problem, wenn viele unterschiedliche pflanzliche Lebensmittel mit einer geringeren Wertigkeit untereinander kombiniert werden – so ergänzen sie sich in ihrer Zusammensetzung zu einer gut ausreichenden höheren Wertigkeit. Das muss noch nicht einmal während einer Mahlzeit geschehen: Wer Hülsenfrüchte, Reis, Mais, Kartoffeln, Vollkorngetreide und Nüsse über den Tag verteilt isst, kommt spielend auf seine benötigte Eiweißmenge.

Darum: ***Für optimale Eiweißversorgung möglichst vielfältige pflanzliche Eiweißquellen während einer Mahlzeit oder über den Tag verteilt nutzen – darum gibt es im Buch Rezepte mit jeweils unterschiedlichsten Eiweißlieferanten von früh bis spät!***

TOP-EIWEISSQUELLEN

*alle Angaben pro 100 g

Süßlupinen	40 G
Sojabohnen	38 G
Erdnüsse	25 G
Kidneybohnen	24 G
Linsen	23 G
Lein- und Chiasamen	22 G
Mandeln	21 G
Hanfsamen	20 G
Kichererbsen	18 G
Quinoa	15 G PRO 100 G
Tofu	15 G PRO 100 G
Haferflocken	13 G
Grüne Erbsen	7 G
Brokkoli	4 G
Kartoffeln	2 G

BESSER (SELBST) VEGAN KOCHEN

Es gibt viele Gründe, sich selbst an den Herd zu stellen, gerade bei veganer Ernährung. So ist sicher, dass alles – außer Tier – drin steckt, was uns und der Umwelt nicht schadet.

Jeder kann aktiv etwas für den Klimaschutz tun, allein durch das Ändern bestimmter Ernährungsgewohnheiten: Rund 2 Tonnen CO_2 spart ein Veganer in Deutschland jährlich bei ansonsten gleichbleibendem Lebensstil, wie der britische Ökologe Joseph Poore 2019 berechnete. Fleischlos essen bringt damit also mehr, als auf ein E-Auto umzusteigen oder weniger zu fliegen.

Immer mehr Menschen in Deutschland entscheiden sich, (öfter) vegan zu essen. Diesem Trend folgt die Lebensmittelindustrie hierzulande und verdoppelte in den letzten drei Jahren ihren Umsatz mit vegetarischen und veganen Produkten beinahe: 14 Prozent aller neu eingeführten Lebensmittel sind inzwischen vegan. Doch auch wenn kein Tier in Sojawürsten oder veganem Gorgonzola steckt, diese Produkte sind meist alles andere als natürlich und nachhaltig.

Wer mit seiner Ernährung tatsächlich etwas mehr bewirken will, sollte möglichst selbst kochen: mit bewusst gewählten, unverarbeiteten Produkten. Dafür haben wir uns Rezepte einfallen lassen mit frischen, saisonalen Zutaten. Es gibt vegane Burger, Käse oder Schokomousse – vollwertig, gesund und garantiert restlos lecker ohne unnötigen Verpackungsmüll. Trotzdem sollte sich niemand verrückt machen: Ein gutes Fertigprodukt kann hilfreich sein und eine Import-Avocado ist ab und an auch erlaubt. Und wer zukünftig bewusster isst und kocht, der wird umso mehr das Gefühl genießen, sich und der Umwelt etwas Gutes zu tun.

3 GUTE GRÜNDE, SELBST ZU KOCHEN

1 ZUVIEL **DRIN**

Wer vegan kocht, muss sich umstellen und die Küchenwelt teilweise neu erfinden: Viele Rezepte gelingen ohne tierische Produkte nicht (mehr) wie gewohnt, wie z. B. beim Backen ohne Butter und Ei. Und es heißt auf vieles, häufig Altgeliebtes, zu verzichten: auf Wurst, Käse, das Aroma von Räucherspeck und den Biss in einen saftigen Burger. Für beide Fälle bietet die Industrie eine reiche Bandbreite an veganen Alternativen, von altbekannter Pflanzenmargarine und veganer Mayonnaise bis hin zur Wurst aus Erbsenprotein oder Tofu-Schillerlocken, die in Aussehen und Textur tierischen Produkten oft täuschend ähnlich nachempfunden sind. Klarer Vorteil all dieser Ersatzprodukte: Kein Tier muss dafür sein Leben lassen! Zudem ist die Klimabilanz der darin verarbeiteten Pflanzeninhaltsstoffe meist wesentlich besser als des tierischen Vergleichsprodukts.

Trotzdem sollte man hier immer kritisch hinschauen: Naturtofu besteht im besten Fall schlicht aus Sojabohnen und Wasser. Bei vielen anderen Fertigprodukten handelt es sich dagegen um hochverarbeitete Lebensmittel, die alles andere als natürlich sind. Ein „Beyond-Meat"-Burger-Patty enthält z.B. gegenüber einem Burger aus 100 Prozent Rindfleisch sage und schreibe 21 verschiede Inhaltsstoffe! Und die haben es in sich. Ein großer Teil veganer (Fertig-)Produkte enthält zwar null Tier, dafür aber ein Zuviel an Salz, Zucker, (Palm-)Fett, dazu noch Geschmacks- und Konservierungsstoffe und Emulgatoren. Selbst Bio-Fertigprodukte schneiden hier oft nicht besser oder gesünder ab als konventionelle.

Darum: *Bestimmte vegane Fertigprodukte erleichtern den Kochalltag. Das wissen auch wir als berufstätige Mütter zu schätzen. Trotzdem versuchen wir stets abzuwägen, ob es wirklich fertig gekaufte Lebensmittel braucht, oder ob ein Pizzakäse-Ersatz oder ein Mandeldrink nicht einmal selber gemacht werden kann – wenn es Zeit und Muße zulassen. Dazu geben wir in unseren Rezepten viele Ideen – und meist auch Angaben für den schnellen Ersatz. So ist vegane Küche zwar etwas (zeit-)aufwändiger, aber auf jeden Fall gesünder und nachhaltiger. Und es ist klar, was wirklich alles im Essen steckt. Werden dann doch einmal Fertigprodukte verwendet, lohnt es sich die Liste der Inhaltstoffe zu studieren, ganz nach dem Motto „je kürzer desto besser".*

2 ZUVIEL **DRAN**

Ein riesiges Angebot an pflanzlichem Fleisch-, Wurst- und Käseersatz macht zwar das vegane Leben immer leichter, belastet aber die Umwelt immer mehr. Denn werden an der konventionellen Wurst- und Käsetheke inzwischen weitgehend selbst mitgebrachte Behältnisse zum Transport der losen Waren akzeptiert, liegen z.B. gerade einmal 80 g vegane Schinkenwurst in einer fast ebenso schweren Plastikverpackung im Supermarktregal. Und das gilt leider für viele vegane Produkte: Sie werden energieintensiv hergestellt, verpackt, transportiert, liefern jede Menge Verpackungsmüll und haben so in ihrer Gesamtökobilanz tierischen Produkten kaum mehr etwas voraus.

Darum: *Vegane (Fertig-)Produkte in aufwändiger Verpackung wenn immer möglich meiden. Nicht zuletzt, um auch den Druck auf die Hersteller zu erhöhen, nachhaltiger zu verpacken. Noch besser: lieber möglichst viel aus frischen, unverpackten Zutaten selber kochen – wie in diesem Buch!*

3 EIN GUTER GRUND, **SAISONAL & REGIONAL** ZU WÄHLEN

Bei frischen Lebensmitteln wie z.B. Gemüse und Obst gilt so gut wie immer: möglichst heimisch angebaute Sorten, saisonal passend gekauft, sind die beste Wahl. Avocados, Erdbeeren oder Spargel sind zwar rund ums Jahr preisgünstig im Supermarkt zu haben, aber die Beheizung von Treibhäusern außerhalb der Saison hierzulande geht genau wie Importe aus dem Ausland massiv auf Kosten von Klima und Umwelt. Importe aus Übersee schlagen am extremsten zu Buche: Für die Emissionen eines Kilos per Schiff transportierter Lebensmittel können hierzulande 11 Kilo per Fahrzeug oder Bahn geliefert werden, für Flugware sogar ganze 90 Kilo – es macht also einen gravierenden Unterschied ob die Avocado aus Peru oder „nur" aus Spanien stammt.

Aber auch wenn ihr Transport auf Schiene oder Straße weniger Emissionen verursacht, hat die Avocado aus Spanien, genau wie Erdbeeren und Spargel außerhalb der Saison ein zweites Problem: In vielen (südlichen) Anbauländern verschärft der großflächige, wasserintensive Anbau von Obst und Gemüse die bereits bestehende Wasserknappheit und das Sinken des Grundwasserspiegels. Dagegen hat z.B. Gemüse aus Holland kürzere Transportwege und kann dank neuer Technologien ressourcenschonender angebaut werden.

Selbst geschmacklich steht es aufgrund neuer Züchtungen und Anbauverfahren den Südprodukten heute kaum mehr in etwas nach. Am meisten tut man aber für die Umwelt, wenn man sich auf den örtlichen Bauernmarkt begibt –zu Fuß oder per Fahrrad –und dort beim Einkauf auf die Saison achtet, denn saisonal toppt häufig noch regional: Ein erntefrischer deutscher Apfel im Herbst ist perfekt. Um ihn in Topqualität zu erhalten wird für seine Lagerung aber soviel Energie verbraucht, dass die Ökobilanz eines Übersee-Apfels ab etwa April besser aussieht als die eines deutschen Apfels aus dem Kühllager . Saison gilt also noch vor Region – oder man nimmt einfach einen etwas schrumpeligen, im Keller eingelagerten Apfel wie zu Omas Zeiten in Kauf.

Darum: ***Beim Kauf von (allen!) Lebensmitteln möglichst auf Saison und Herkunft achten (siehe hierzu Saisonkalender Seite 22–23). Für viele „weitgereiste" Produkte gibt es hiesige Alternativen oder welche mit kürzeren Transportwegen. Man sollte von Fall zu Fall abwägen, welche Produkte nachhaltig sinnvoll sind: Müssen es unbedingt Chia-Samen aus Südamerika sein, oder erfüllen Leinsamen aus Österreich mit weit kürzerem Transportweg nicht denselben Zweck? Auch beim „Transport" vom Einkauf nach Hause, kann man Energie sparen, indem man das Auto stehen lässt oder auch mal die Biokiste bemüht – denn hier ist man sich sicher: Die Produkte kommen aus nächster Nähe und sind im Regelfall (oder zumindest nach Auswahl) saisonal.***

DER SAISONKALENDER

Wer saisonal einkauft, erhält nicht nur beste Qualität, sondern schont auch den Geldbeutel und das Klima.

OBST	JAN	FEB	MÄR	APR	MAI	JUNI	JULI	AUG	SEP	OKT	NOV	DEZ
Ananas												
Äpfel												
Apfelsinen/Orangen												
Aprikosen												
Avocados												
Bananen												
Birnen												
Brombeeren												
Erdbeeren												
Esskastanien												
Feigen												
Grapefruit												
Haselnüsse												
Heidelbeeren												
Himbeeren												
Johannisbeeren, rot												
Johannisbeeren, schwarz												
Kirschen, sauer												
Kirschen, süß												
Kiwis												
Limetten												
Litschis												
Mandarinengruppe												
Mangos												
Melonen												
Mirabellen, Renekloden												
Pampelmusen												
Papayas												
Pfirsiche, Nektarinen												
Pflaumen, Zwetschgen												
Preiselbeeren												
Quitten												
Stachelbeeren												
Tafeltrauben												
Walnüsse												
Wassermelonen												
Zitronen												

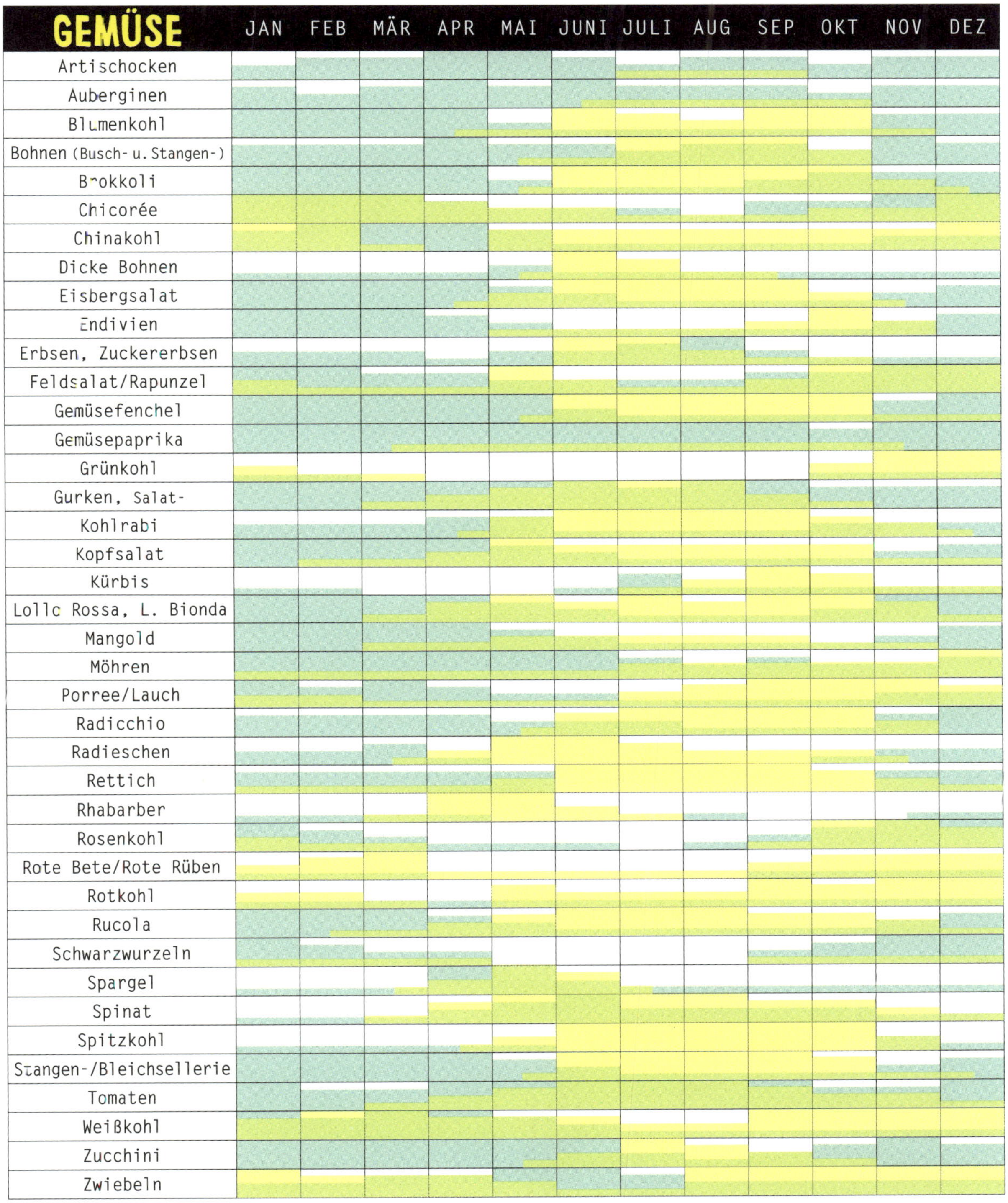

ERKLÄRUNG

Monat mit starken Importen

Monat mit großem Angebot aus heimischen Anbau

Monat mit geringen Importen

Monat mit großem Angebot aus heimischem Anbau und gleichzeitig geringen Importen

VEGAN IST NICHT ALLES

Wer vegan isst, leistet automatisch einen Beitrag zum aktiven Klimaschutz. Aber man kann noch vor dem Essen mehr für Umwelt und Klima tun: bereits beim Einkaufen und später am Herd beim Kochen.

EIN GUTER GRUND, EINEN EINKAUFSZETTEL ZU SCHREIBEN

Pro Jahr landen in Deutschland etwa 13 Millionen Tonnen Essen einfach im Müll. Einen großen Anteil daran haben Lebensmittel, die zu viel gekauft wurden.

Darum: *Vor dem Einkauf die Vorräte checken und einen Einkaufszettel schreiben. So landet nur im Einkaufswagen, was auch tatsächlich gebraucht und verbraucht wird. Das schont wertvolle Ressourcen und spart nebenbei Geld, das zum Beispiel in hochwertigere (Bio-)Lebensmittel investiert werden kann.*

EIN GUTER GRUND, NIE OHNE STOFFBEUTEL AUS DEM HAUS ZU GEHEN

Plastiktüten werden oft nur einmalig verwendet und belasten damit die Umwelt enorm. Zum einen ist ihre Herstellung sehr energieaufwendig, zum anderen dauert der Abbau einer Plastiktüte, je nach Material, etwa 100–150 Jahre. Tüten aus Bio-Plastik oder Papier sind als Alternativen leider auch nicht optimal. Bio-Plastik ist kompostierbar, allerdings nur, wenn ausreichend Zeit dafür zur Verfügung steht. Das ist in den meisten Kompostieranlagen nicht der Fall, weswegen Bio-Plastik sehr oft trotzdem in die Müllverbrennung wandert. Papiertüten sind in der Herstellung doppelt so energieaufwendig wie Plastiktüten, reißen aber schnell, so dass sie oft nicht mehrfach verwendet werden können.

Darum: *Immer einen oder mehrere Stoffbeutel in der Handtasche haben. So könnt ihr auch bei Spontan-Einkäufen gut auf Plastik- oder Papiertüten verzichten und Ressourcen schonen. Da auch die Herstellung von Stoffbeuteln viel Energie verbraucht, ergibt das Mitnehmen auf jeden Fall Sinn: Ständig neue Beutel an der Kasse kaufen, weil man seinen alten Beutel vergessen hat, belastet die Umwelt ebenso wie Einwegtüten.*

EIN GUTER GRUND, ZU BIO-PRODUKTEN ZU GREIFEN

Im Bio-Landbau wird auf chemische Pflanzenschutzmittel, Wachstums- und Düngemittel sowie gentechnisch verändertes Saatgut verzichtet. Das schützt Pflanzen und Tiere wie Insekten und Vögel und schont die Umwelt. Außerdem haben die natürlich angebauten Lebensmittel oft mehr Geschmack und sind frei von schädlichen Rückständen.

Darum: ***Beim Einkauf auf die Kennzeichnung mit Bio-Siegeln (siehe Seite 26–27) achten und besser diese Produkte wählen, wenn der Geldbeutel es zulässt. Trotzdem kritisch bleiben: Auch Bio-Produkte belasten die Umwelt, wenn sie aus Übersee kommen und lange Transportwege hinter sich haben, oder wenn sie außerhalb der eigentlichen Saison energieaufwendig im Gewächshaus angebaut werden und in Plastik verpackt sind. Manchmal kann die konventionell angebaute Erdbeere vom Bauern um die Ecke deshalb eine bessere Klimabilanz haben als die in Plastik verpackte, importierte Bio-Erdbeere.***

EIN GUTER GRUND, AUF FAIRTRADE ZU ACHTEN

Zitrus- und bestimmte Südfrüchte, Kaffee, Tee und Kakao (auch für Schokolade) gedeihen hierzulande beim besten Willen nicht. Neben langen Transportwegen werden sie in ihren Herkunftsländern oft unter inakzeptablen Bedingungen angebaut. Ausbeuterische Löhne für Plantagenarbeiter und unökologische, umweltzerstörende Anbauweisen sind leider allzu oft die Regel.

Darum: ***Bestimmte Produkte wirklich als eher seltene „Genussmittel" verstehen und beim Kauf auf das „Fairtrade-Label" achten. Es garantiert gerechte Bezahlung, faire Arbeitsbedingungen und fördert den Umweltschutz, denn mit den höheren Preisen für ihre Produkte werden Erzeuger ermutigt, auf nachhaltigere Landwirtschaft umzusteigen***

EIN GUTER GRUND, UNVERPACKTES ZU KAUFEN

Jeder Bundesbürger produziert im Schnitt ca. 37 Kilogramm reinen Plastik-Verpackungsmüll im Jahr. Das Plastik-Problem: Die Produktion ist energieintensiv und das Material hat eine Abbauzeit von hunderten von Jahren. Es landet oft in der Umwelt oder im Meer und kehrt dann über die Nahrungskette wieder auf unseren Teller zurück.

Darum: ***Wenn immer möglich, zu unverpackten Lebensmitteln greifen. „Unverpackt"-Lebensmittelgeschäfte, in denen so gut wie alle Waren offen angeboten werden, sind zwar noch selten, aber immer mehr (Bio)-Supermärkte bieten lose Lebensmittel wie z.B. Getreideprodukte und Nüsse zum Abfüllen an. Für Obst- und Gemüse statt den Einweg-Plastiktüten aus der Obst- und Gemüseabteilung besser wiederverwendbare Stoffbeutel oder -netze nehmen. Ebenfalls eine gute Möglichkeit Verpackung einzusparen: Auf dem Markt einkaufen oder eine Bio-Kiste vom Bauer in der Region bestellen.***

HILFE IM PRODUKT-DSCHUNGEL

Während bei Naturprodukten wie Obst, Gemüse oder Hülsenfrüchten klar ist, dass sie vegan sind, ist das bei vielen anderen Produkten im Supermarkt oft nur schwer zu erkennen. Oft muss man ganz genau hinschauen und die Zutatenliste studieren, um zu erkennen ob z.B. eine Schokolade oder ein Puddingpulver vegan sind. Die Kennzeichnung mit Siegeln kann dabei helfen, vegane Produkte auf den ersten Blick zu erkennen. Aber für was stehen die vielen kleinen Symbole eigentlich? Hier ein Überblick über die bekanntesten Siegel und was jeweils dahinter steckt. So behaltet ihr beim Einkauf den Durchblick.

EU-BIO-LOGO

DEUTSCHES BIO-SIEGEL

Das EU-Bio-Logo und das sechseckige Deutsche Bio-Siegel garantieren, dass die Produkte nach den **EU-Rechtsvorschriften für den ökologischen Landbau** produziert wurden. Das heißt unter anderem, dass bei der Produktion **keine chemisch-synthetischen Dünge- und Pflanzenschutzmittel** eingesetzt werden, dass **keine künstliche Aromen und Farbstoffe** verwendet werden, dass die Tiere, bis auf streng geregelte Ausnahmen, mit **ökologischem Futter** gefüttert werden und nur sehr **begrenzt mit Antibiotika behandelt** werden dürfen. Das EU-Bio-Logo ist verpflichtend für vorverpackte Bio-Ware, die einen Verarbeitungsschritt in der EU erfahren hat. Das deutsche Bio-Siegel kann freiwillig zusätzlich verwendet werden.

BIOLAND

Die Kriterien für das Markenzeichen des **größten ökologischen Anbauverbandes in Deutschland und Südtirol** basieren auf einem geschlossenen Betriebskreislauf und gehen über die der EU-Öko-Verordnung für Bio-Logos hinaus. Produktions- und Futtermittel stammen weitestgehend aus dem eigenen Betrieb und Tiere werden vorzugsweise naturkundlich behandelt.

NATURLAND

Naturland ist mit 70.000 Bäuerinnen und Bauern in 60 Ländern der bedeutendste Verband für ökologischen Landbau. Soziale Anforderungen sind fester Bestandteil aller Naturland-Richtlinien, die Zusatzzertifizierung „Naturland Fair“ ergänzt dies um den Aspekt des Fairen Handels.

DEMETER

Der älteste ökologische Anbauverband in Deutschland arbeitet nach den Kriterien der **biologisch-dynamischen Wirtschaftsweise**. Produkte mit diesem Siegel bestehen zu 100 Prozent aus ökologisch erzeugten Zutaten. Auch auf die Erhaltung der Bodenfruchtbarkeit, der Artenvielfalt und auf das Tierwohl wird sehr großen Wert gelegt.

V-LABEL

Mit dem V-Label lassen sich **vegane und vegetarische Produkte** beim Einkauf auf einen Blick ohne langes Studieren der Zutatenliste erkennen. V-Label-Produkte dürfen **nicht an Tieren getestet** worden sein und nicht die Bezeichnung „enthält GVO“ tragen.

ECOVEG-SIEGEL

Das durch den Verein Vegorganic e.v. europaweit vergebene und unabhängig kontrollierte Siegel kennzeichnet vegane Lebensmittel in Bio-Qualität. Die Produkte bestehen garantiert nur aus pflanzlichen Inhaltsstoffen, werden ohne technische Hilfsstoffe aus tierischen Organismen produziert und werden von Produkten mit tierischen Inhaltstoffen streng getrennt produziert und gelagert.

VEGAN TRADE MARK

Das Siegel mit der Blume wird von der Vegan Society England vergeben. Produkte, die dieses Siegel tragen, sind frei von tierischen Zutaten.

FAIRTRADE

Dieses Logo kennzeichnet Produkte, die aus fairem Handel stammen und bei deren Herstellung bestimmte soziale, ökologische und ökonomische Kriterien eingehalten wurden.

GEPA

Die Produkte, die mit dem Logo von „Gepa – the Fair Trade Company“ ausgezeichnet sind, werden unter fairen Bedingungen produziert und gehandelt. Die Organisation setzt sich vor allem für faire Preise ihrer Handelspartner ein, zumeist demokratisch organisierte Kleinbauernorganisationen, aber auch für eine **Verbesserung der Lebensumstände in den Produktionsländern** und für die Förderung der biologischen Landwirtschaft.

RAINFOREST ALLIANCE

Das Siegel mit dem kleinen grünen Frosch steht für Produkte und Dienstleistungen, die in **umweltfreundlicher, sozial und wirtschaftlich nachhaltiger Weise erzeugt** wurden. Die Zertifizierung baut auf folgenden Kernprinzipien auf: Schutz der Artenvielfalt, bessere Lebensbedingungen und menschliches Wohlergehen, Schutz natürlicher Rohstoffe, effektive Planungs- und Farmmanagementsysteme.

UTZ CERTIFIED

Die Zertifizierung bescheinigt den nachhaltigeren Anbau von Kaffee, Tee, Kakao und Haselnüssen. UTZ ist Teil der Rainforest Alliance.

EIN GUTER GRUND, AUF DIE **VERPACKUNG** ZU ACHTEN

Nicht nur Plastik-Verpackungen sind in Sachen Nachhaltigkeit keine gute Wahl. Auch Konservendosen und Gläser sind keine echten Alternativen: Beide werden mit hohem Energieaufwand hergestellt. Sowohl Dose als auch Glas können zwar recycled werden, der dafür benötigte Energieaufwand ist allerdings sehr hoch.

Darum: ***Unverpackt und frisch ist immer noch die beste Wahl für die Umwelt. Außerhalb der Saison oder wenn Frisches nicht verfügbar ist, können tiefgekühlte Produkte in Papp-Schachteln eine gute Alternative darstellen. Das Gefrieren kostet zwar Energie, dafür ist die Verpackung unproblematischer als Plastik, Dose oder Glas, und die Energiebilanz gegenüber lange transportierten Waren aus fernen Ländern oder außerhalb der Saison in Gewächshäusern angebauten Produkten besser.***

EIN GUTER GRUND, ENERGIESPAREND ZU KOCHEN

Bei der Zubereitung von Speisen auf dem Herd oder im Backofen wird Energie verbraucht. Im Gegensatz zum Energieverbrauch beim Autofahren oder Reisen sind das nur kleine Mengen. Dadurch, dass man aber so gut wie jeden Tag etwas kocht, summiert sich die Menge. Stromsparen in der Küche kommt deshalb auf Dauer der Umwelt, und ganz nebenbei auch dem Portemonnaie zu Gute.

Darum: ***Beim Kochen auf dem Herd möglichst immer den Topfdeckel auflegen, damit die Speisen schneller kochen, und die Topfgröße passend zur Größe der Herdplatte wählen. So verpufft nicht unnötig Energie. Auch den Backofen nicht zu lange vorheizen: ca. 10 Minuten bevor die Gerichte in den Backofen sollen – das reicht völlig aus. Bei Gerichten wie Aufläufen könnt ihr euch das Vorheizen sogar ganz sparen. Die Restwärme nach dem Backen unbedingt noch ausnutzen, z.B. zum Rösten von Nüssen.***

EIN GUTER GRUND, AUF DEN ENERGIEVERBRAUCH ZU ACHTEN

Nicht nur Erhitzen, sondern auch Kühlen verbraucht viel Strom. Vor allem da der Kühlschrank eines der wenigen Geräte im Haushalt ist, das wirklich 365 Tage im Jahr rund um die Uhr eingeschaltet ist.

Darum: *Beim Kühlschrank lohnt sich die Anschaffung eines energiesparenden Modells ganz besonders. Wenn ihr unsicher seid, wie viel Energie euer Kühlschrank verbraucht: Bei vielen Verbraucherzentralen und Stromlieferanten kann man kostenlos Energiemessgeräte ausleihen. Außerdem wichtig: Unbedingt darauf achten, dass die Tür gut schließt und die Temperatur nicht zu niedrig eingestellt ist. Besonders in der kühleren Jahreszeit reichen 7 °C vollkommen aus. Warme Speisen immer erst abkühlen lassen, bevor ihr sie kalt stellt, dann muss der Kühlschrank nicht unnötig kühlen. Und nicht vergessen: den Gefrierschrank regelmäßig abtauen. Bereits eine etwa 1 cm dicke Eisschicht erhöht den Stromverbrauch des Gerätes um bis zu 50 Prozent.*

EIN GUTER GRUND, ÖFTERS MAL WAS SELBST ZU MACHEN

Fertigprodukte wie z.B. Instant-Gemüsebrühepulver, Fleischersatzprodukte oder pflanzliche Alternativprodukte wie z.B. Sojasahne sparen Zeit und sind praktisch. Sie kommen aber immer aufwendig verpackt daher und enthalten außerdem oft Zusatzstoffe und Aromen.

Darum: *Öfters mal selbst machen! Oft ist es gar nicht so aufwendig, Gemüsebrühe und Alternativen zu Fleisch oder Milchprodukten selbst zu machen. So spart ihr Verpackung und Geld. Und das große Plus: Ihr wisst was drin steckt!*

EIN GUTER GRUND, AUF FOLIE ZU VERZICHTEN

Egal ob Frischhaltefolie oder Alufolie: Sie sind beim Frischhalten und Verpacken von Lebensmitteln zwar praktisch, allerdings auch sehr energieaufwendig in der Herstellung und problematisch bei der Entsorgung.

Darum: *Besser zu nachhaltigeren Alternativen greifen und Speisen z.B. mit einem Topfdeckel abdecken, in wiederverwertbare Glasbehälter, Schraub-, Einmachgläser oder Lunchboxen verpacken oder in Butterbrot- oder wiederverwendbares Wachspapier wickeln.*

ZUM SCHLUSS VIEL GENUSS

Wer vegan kocht, muss auf ein paar Dinge verzichten und dafür ein paar andere Zutaten im Schrank haben. Nicht nur um Tier gut zu ersetzen, sondern auch um möglichst viel Aroma in die Küche zu bekommen.

In vielen Punkten ist es ganz einfach, tierische Produkte durch pflanzliche zu ersetzen (siehe rechts). Durch das clevere Kombinieren von Zutaten (siehe Seite 14) entstehen daraus ausgewogene Mahlzeiten, denen es in Sachen Nährstoffe an nichts fehlt. Damit aber der Geschmack nicht zu kurz kommt, nutzen Küchenprofis noch ein paar Tricks, um die vegane Küche mehr aufzupeppen.

Dabei werden – wie auch bei vielen Rezepten in diesem Buch – altgewohnte Ess-Muster durchbrochen: keine üblichen Tellergerichte mit einem (Fleisch-)Mittelpunkt und Beilagen, dafür bunt zusammengestellte Bowls, Rundum-Sattmacher-Salate, Burger, Riesen-Sandwichs und Kleinigkeiten mit extra Saucen und Beilagen – ein neuer Mix an Aromen und Texturen, der für aromatische Überraschungen sorgt. Zum anderen gibt es ein paar Zutaten, die noch mehr (Umami-)Geschmack in die Küche bringen. Zutaten wie (getrocknete) Tomaten, Tomatenmark, Pilze, Miso, Sojasauce, Hefeflocken und Algen enthalten z.B. Stoffe, die sie uns als unglaublich „wohlschmeckend" und „lecker" erscheinen lassen – was auch genau die Wortbedeutung von „Umami" ist. Sie sollten, wenn möglich, im veganen Küchenschrank stehen, genau wie Rauchsalz und/oder Pimentón de la vera (siehe Seite 55), die herzhaftes Raucharoma zaubern, oder Kala Namak (siehe Seite 47), das das Aroma von Eiern täuschend gut ersetzen kann. Hier lohnt sich die ein oder andere Investition und Entdeckung.

CLEVER TAUSCHEN

So lassen sich Lieblingsrezepte ganz unkompliziert veganisieren.

MILCH	Pflanzendrinks, z.B. aus Hafer, Soja, Mandel, Kokos, Haselnuss, Dinkel oder Reis
SCHLAGSAHNE	**Zum Kochen:** Kokosmilch, Pflanzensahne wie z.B., Soja-, Cashew- oder Hafersahne **Zum Aufschlagen:** spezielle Sojasahne, fester Bestandteil der Kokosmilch (Kokosmilch in der Dose über Nacht kalt stellen, am nächsten Tag den festen, oberen Teil abnehmen und aufschlagen)
JOGHURT	Pflanzliche Alternativen z.B. aus Soja oder Kokos
QUARK UND ANDERE FRISCHKÄSE WIE Z. B. RICOTTA	Pflanzliche Quarkalternativen wie z.B. Mandel-Quark oder Seidentofu
KÄSE	Vegane Käsealternativen, z.B. Cashewkäse (siehe Seite 138), Für Käse-Geschmack in Saucen oder anderen Gerichten Hefeflocken
BUTTER ALS STREICHFETT	Erdnuss- und Nussbutter, Avocado, pflanzliche Margarine (ohne gehärtete Fette), Kokosöl
BUTTER ZUM KOCHEN UND BACKEN	Pflanzenöle, pflanzliche Margarine (ohne gehärtete Fette)
MAYONNAISE	Vegane Mayonnaise auf Mandel- (siehe Seite 77) oder Seidentofubasis
GELATINE	Agar Agar
EIER	**Zum Backen:** je nach Teigart Leinsamen- oder Chia-„Ei“, Sojamehl, „Ei-Ersatz“ aus dem Reformhaus oder Bioladen, Apfelmus, Bananenmus, Johannisbrotkernmehl, Tapiokastärke **Für Aufläufe oder Quiches:** Seidentofu, pürierte Cashewkerne **Für Rührei-Alternativen:** Seidentofu, Kichererbsenmehl **Für Ei-Geschmack:** Kala Namak (indisches Steinsalz mit Schwefelgeschmack)
HACKFLEISCH	Haferflocken-„Hack“, Soja-„Hack“, gehackte und geröstete Nüsse, gehackte und gebratene Pilze
FLEISCH, GEFLÜGEL, WURST	Tofu, Seitan, Tempeh, gebratene Pilze, Jackfruit, Hülsenfrüchte, Nüsse
SPECK	Räuchertofu, Pilz-„Bacon“ (siehe Seite 82)
FISCH	**Für Fisch-Geschmack**: Algen
HONIG	Agavensirup, Ahornsirup, Reissirup, Dattelsirup, Zucker

FRÜHSTÜCK UND ABENDBROT

Vegan Indian Chai

Hirse-Porridge mit Dattel-Karamell

Mandeldrink

Vegan Golden Milk

MANDELDRINK

Für ca. 1 l Mandeldrink

Zutaten

200 g Mandeln
Salz

So geht's

1 Die Mandeln in eine Schüssel geben und zugedeckt über Nacht in reichlich Wasser (500 ml) einweichen.

2 Am nächsten Tag die Mandeln abgießen, kalt abbrausen und abtropfen lassen. Anschließend mit 1 l möglichst kalkfreiem Wasser und 1 Prise Salz im Blender oder leistungsstarken Standmixer (falls vorhanden auf der Nuss-Drink-Stufe) durchmixen. Anschließend durch ein mit einem Mulltuch ausgelegtes feines Sieb gießen und die Flüssigkeit auffangen, das Mulltuch zusammendrehen und die restliche Flüssigkeit herausdrücken.

TIPP *Wer häufiger einen Nussdrink machen will, kann sich einen „Nussdrink-Beutel" zulegen, in dem sich die Nussmasse bequem filtern und auswringen lässt. Anstelle von Mandeln lassen sich nach dem oben beschriebenen Prinzip auch Hasel-, Macadamia- und Cashewnüsse oder Pistazien verarbeiten. Noch fixer gelingt ein Haferdrink: dazu 100 g Haferflocken 1 Stunde in 1 l Wasser einweichen. Anschließend mit 1 Prise Salz pürieren und den Drink durch ein Mulltuch oder ein ganz feines Sieb filtern.*

VEGAN GOLDEN MILK

Für 2 Personen

Zutaten

500 ml Mandeldrink (siehe rechts, oder Fertigprodukt)
¼ Vanilleschote
25 g frische Kurkuma
20 g frischer Ingwer
3 Msp. gemahlener Kardamom
2 Msp. gemahlener Zimt
3-4 EL Ahornsirup

So geht's

1 Den Mandeldrink in einen Topf geben. Das Mark der Vanilleschote mit einem scharfen Messer herauskratzen und samt Schote zum Mandeldrink geben. Kurkuma und Ingwer gründlich waschen und in Scheiben schneiden. Beides mit Kardamom und Zimt in den Topf geben und alles unter Rühren zum Kochen bringen.

2 Kurz bevor die Flüssigkeit aufkocht, die Hitze reduzieren und alles zugedeckt 10–12 Minuten bei kleiner Hitze leicht köcheln lassen. Anschließend durch ein Sieb in hitzebeständige Gläser oder Tassen gießen und mit Ahornsirup süßen.

VEGAN **INDIAN CHAI**

Für 2 Personen

Zutaten

20 g frischer Ingwer
7 grüne Kardamomkapseln
6 Nelken
1 Stange Zimt
¼ TL schwarze Pfefferkörner
500 ml Hafer- oder Mandeldrink (siehe Seite 35 oder Fertigprodukt)
1 EL kräftiger schwarzer Tee (z.B. Assam)
2-3 EL Zucker (alternativ 4-5 EL Ahornsirup)

So geht's

1 Den Ingwer waschen und in Scheiben schneiden. Kardamom, Nelken, Zimtstange und Pfefferkörner in einem Mörser grob zerstoßen. Die Gewürze in einen Topf geben und unter gelegentlichem Rühren anrösten, bis sie angenehm zu duften beginnen.

2 Hafer- oder Mandeldrink zugießen und den Ingwer unterrühren. Alles zugedeckt 5–10 Minuten leicht köcheln lassen. Dann den Tee einrühren, alles unter Rühren aufkochen lassen und 2–3 Minuten unter Rühren leicht köcheln lassen. Den Tee durch ein Sieb in Gläser oder Tassen gießen. Mit Zucker oder Ahornsirup süßen.

HIRSE-**PORRIDGE**

MIT DATTEL-KARAMELL

Für 2 Personen

Zutaten

80 g Hirse
250 ml Mandeldrink oder Pflanzendrink nach Wahl
1 TL gemahlener Zimt
6 Medjool-Datteln
2-3 Tropfen natürliches Vanilleextrakt oder 1 Msp. Vanillemark
150 g grüne oder rote Weintrauben
30 g Haselnusskerne
4 EL Mandel- oder andere pflanzliche Quarkalternative

So geht's

1 Die Hirse in ein feines Sieb geben und unter kaltem Wasser gründlich abspülen. Abtropfen lassen und in einen kleinen Topf geben. Drink und Zimt zugeben, aufkochen und bei kleiner Hitze 15–18 Minuten köcheln lassen. Dabei öfters, vor allem gegen Ende, rühren.

2 Inzwischen die Datteln entsteinen, in Stücke schneiden und mit 200 ml Wasser in einem kleinen Topf aufkochen, 5 Minuten köcheln lassen, bis das Wasser fast verkocht ist. In ein hohes Mixgefäß geben, Vanille zugeben und fein pürieren.

3 Die Trauben waschen, trocken tupfen, von den Rispen zupfen und halbieren. Haselnüsse in einer Pfanne ohne Fett rösten, bis sie duften. Nach Wunsch grob hacken. Die Mandel-Quarkalternative unter das Porridge rühren. Das Porridge in eine Schale geben, das Dattel-Karamell darauf verteilen und mit den Trauben und den gehackten Nüssen bestreuen.

EIN GUTER GRUND, WENIGER MILCH ZU TRINKEN:

Milch liefert viel Eiweiß, Vitamine und Kalzium, das zum Aufbau von Knochen, Muskeln und Zähnen benötigt wird. Sie ist allerdings so nährstoffreich (und vor allem fett), dass sie eher als richtige „Mahlzeit" und nicht als reines „Getränk" genossen werden sollte. Zumal ihre Erzeugung mehr als problematisch ist: Kühe erzeugen jede Menge Methan, das fast 25-mal so schädlich wie CO_2 ist – eine Kuh übertrifft in ihrer Klimabilanz sogar ein Auto! Man sollte sich auch darüber im Klaren sein, dass Kühe eigentlich nur Milch geben, wenn sie ihre Kälber säugen. Diese werden sofort nach der Geburt von den Müttern getrennt, die als dauerproduzierende „Milchmaschinen" fortlaufend künstlich befruchtet werden. Eine Tortur, die zusammen mit einer oft artungerechten Haltung dazu führt, dass ihre Lebenserwartung bis zu einem Sechstel unter dem einer normalen Kuh liegt.

Darum: *Milch besser nur ab und an als hochwertiges Nahrungsmittel genießen und/oder (häufiger) durch pflanzliche Alternativen ersetzen. Die gibt es ungesüßt meist unter der Bezeichnung „Drink", nicht „Milch", zu kaufen.*

Sojadrinks reichen mit ihrem Eiweißgehalt fast an Kuhmilch heran, enthalten allerdings weniger Eiweiß, dafür viermal so viel Folsäure. Beim Kauf heißt es auf die Herkunft zu achten: In Europa wird ausschließlich gentechnikfreies Soja angebaut, dass zudem nachhaltiger ist als importiertes.

Mandel- oder Nussdrinks enthalten wenig Eiweiß, kaum Kalzium und (bis auf Haselnussdrinks) wenig Fett, schmecken aber angenehm nussig-cremig. Leider ist der Anbau von Mandeln extrem wasserintensiv und Mandeldrinks daher nicht sonderlich nachhaltig.

Haferdrinks sind gluten- und lactosefrei und damit ideal für Allergiker. Ihre Basis (wie auch bei anderen Getreidemilchalternativen, wie z.B. Dinkeldrinks) stammen aus regionalem Anbau und sind damit der nachhaltigeste Milchersatz: Im Vergleich zu halbfetter Kuhmilch belasten sie das Klima zu 70 Prozent weniger und verbrauchen in der Herstellung nur knapp 40 Prozent der Energie.

Reisdrinks sind eher dünnflüssig und leicht süßlich. Der Reis für die hier erhältlichen Reisdrinks stammt meist aus Italien. Seine Anbauweise (Nassanbau) und Verarbeitung lassen die Ökobilanz von Reisdrinks im Vergleich zu anderen Getreidemilchalternativen eher schlecht ausfallen.

Lupinen- und Hanfdrinks sind die verheißungsvollen Newcomer unter den pflanzlichen Milchalternativen. Lupinen enthalten mehr Eiweiß als Soja und Hanf, neben ordentlich Eiweiß, auch wertvolle Omega-Fettsäuren. Beide können nachhaltig regional angebaut werden, leider werden sie bisher selten angeboten.

KÜRBIS-VOLLKORN-BROT

Für 1 Brot (ca. 12 Scheiben)

Zutaten

½ kleiner Hokkaido-Kürbis (ca. 400 g Fruchtfleisch)
½ Packung (35 g) flüssiger Sauerteig
10 g frische Hefe
1 EL Ahornsirup
300 g Dinkelvollkornmehl
100 g Roggenvollkornmehl
50 g Haferkleie
50 g geschroteter Leinsamen
10 g Salz
je 25 g Kürbiskerne und Haferflocken
Mehl zum Bestreuen

So geht's

1 Den Kürbis in grobe Stücke schneiden, entkernen und waschen. In ca. 3 cm große Stücke schneiden, in einem Topf mit Wasser bedecken, aufkochen und zugedeckt ca. 15 Minuten dünsten, bis der Kürbis weich ist. Dann den Kürbis abgießen, abtropfen lassen und mit einem Stabmixer pürieren.

2 Für den Teig den Sauerteig, die zerbröckelte Hefe und den Ahornsirup mit 150 ml lauwarmem Wasser verrühren, bis sich die Hefe aufgelöst hat. Beide Mehlsorten, Haferkleie, Leinsamen, Salz und Kürbispüree in eine Rührschüssel geben, das Hefe-Wasser zugeben und zu einem klebrigen Teig kneten. Mit etwas Mehl bestreut abgedeckt an einem warmen Ort ca. 1 ½ Stunden gehen lassen. Nach der Hälfte der Gehzeit den Teig mit einer Teigkarte rundfalten und weiter gehen lassen.

3 Kurz vor Ende der Gehzeit den Backofen auf 250 °C (Ober-/Unterhitze) vorheizen. Dabei einen runden, gusseisernen Topf mit Deckel in den Ofen stellen (zweite Schiene von unten) und mitvorheizen. Den Teig in den Topf (Vorsicht, heiß!) geben. Die Oberfläche mit einem Messer mehrmals einritzen. Kürbiskerne und Haferflocken auf das Brot streuen. Den Deckel auflegen und das Brot im heißen Ofen ca. 25 Minuten backen. Den Deckel abnehmen und das Brot weitere 5 Minuten backen. Auskühlen lassen.

EIN GUTER GRUND, AUF VOLLKORN ZU SETZEN: Brot aus ganzem Korn punktet nicht nur mit vielen Ballaststoffen, sondern auch mit Extra-Eiweiß, B-Vitaminen und Mineralien wie Eisen und Zink. Kombiniert mit Leinsamen und Kürbiskernen im Teig ist das Eiweiß besonders hochwertig. Noch weiter erhöhen lässt sich die biologische Wertigkeit des Eiweißes durch einen Aufstrich auf Hülsenfrucht- oder Nussbasis.

Darum: *Für eine gute Nährstoffversorgung Getreideprodukte möglichst oft in der Vollkornvariante essen und mit Nüssen und/oder Hülsenfrüchte kombinieren.*

Erdnuss-
Schoko-Oats

Carrot-Cake-Bowl

Super-Bircher-Müsli

SUPER-BIRCHER-MÜSLI

Für 2 Personen

Zutaten

30 g Haferflocken
30 g geschälte Hanfsamen
20 g Sonnenblumenkerne
20 g Weizenkeime
200 ml Orangensaft
2 Äpfel
100 g Soja-Joghurtalternative
1 TL natürlicher Vanilleextrakt
Agavendicksaft zum Süßen (nach Belieben)

So geht's

1 Haferflocken, Hanfsamen, Sonnenblumenkerne und Weizenkeime in einer kleinen Schale mischen. Den Orangensaft zugeben und unterrühren. Die Mischung auf 2 Schraubgläser oder Müslischalen verteilen, verschließen bzw. abdecken und mindestens 4 Stunden, am besten über Nacht, in den Kühlschrank stellen.

2 Vor dem Servieren die Äpfel waschen, trocken reiben und um das Kerngehäuse herum grob in die Müslimischung raspeln. Alles gut durchrühren.

3 Die Soja-Joghurtalternative mit dem Vanilleextrakt glatt rühren und als Kleckse auf das Müsli geben. Nach Belieben noch mit etwas Agavendicksaft beträufeln und servieren.

CARROT-CAKE-BOWL

Für 2 Personen

Zutaten

200 g Möhren
1 große reife Banane
2 Medjool-Datteln
50 g geschroteter Leinsamen
je ½ TL gemahlener Zimt und Ingwer
2 EL ungesüßtes Cashew- oder Mandelmus
3 TL Zitronensaft
1 TL Agavendicksaft
2 TL Kokoschips

So geht's

1 Die Möhren schälen und ein kleines Stück grob raspeln, so dass etwa 2 EL Möhrenraspel entstehen. Übrige Möhren in grobe Stücke schneiden. Die Banane schälen und in grobe Stücke schneiden. Die Datteln entsteinen und grob schneiden.

2 Alle vorbereiteten Zutaten, bis auf die Möhrenraspel, mit Leinsamen, Zimt und Ingwer in einen leistungsstarken Standmixer geben und fein pürieren. In eine Schüssel füllen.

3 Das Cashew- oder Mandelmus mit Zitronensaft und Agavendicksaft glatt rühren und dekorativ auf der Bowl verteilen. Die Kokoschips in einer Pfanne ohne Fett leicht anrösten, herausnehmen und auf die Bowl streuen. Die Möhrenraspel ebenfalls darauf streuen und servieren.

EIN GUTER GRUND, ÖFTERS MAL LEINSAMEN ZU VERWENDEN:

Die braunen Samen schneiden in Sachen Nährstoffen ähnlich gut ab wie Chia-Samen. Da Leinsamen jedoch im Gegensatz zu Chia-Samen in der Regel aus Europa kommen, haben sie in punkto Nachhaltigkeit die Nase vorn. Geschrotet kann der Körper die wertvollen Nährstoffe aus den Leinsamen besonders gut aufnehmen.

Darum: *In Rezepten Chia-Samen öfters mal durch Leinsamen ersetzen.*

EIN GUTER GRUND, NUSSMUS INS MÜSLI ZU MISCHEN:

Egal ob Erdnuss-, Mandel- oder andere Nussmuse: Die cremigen Pasten bringen wertvolles Pflanzeneiweiß und ungesättigte Fette in die Mischung. Zusammen mit den Haferflocken bilden sie eine super Sattmacher-Kombi, die viele wichtige Nährstoffe liefert.

Darum: *Nussmuse regelmäßig in der veganen Küche verwenden. Am besten zu naturbelassenen Produkten ohne Zuckerzusatz und Palmöl in Bio-Qualität greifen.*

ERDNUSS-SCHOKO-OATS

Für 2 Personen

Zutaten

- 80 g Kleinblatt-Haferflocken
- 2 EL geschrotete Leinsamen
- 250 ml ungesüßter Haferdrink
- 50 g ungesüßtes cremiges Erdnussmus
- 2 TL Ahornsirup
- ½ TL Vanilleextrakt
- 20 g vegane Zartbitter-Schokolade
- 2 TL Erdnusskerne
- 1 TL Kakao-Nibs (nach Belieben)

So geht's

1 Die Haferflocken mit Leinsamen, Haferdrink, Erdnussmus, Ahornsirup und Vanilleextrakt in eine Schüssel geben und verrühren, bis sich das Erdnussmus gut verteilt hat.

2 Die Schokolade und die Erdnüsse getrennt in kleine Stücke hacken. Die Erdnüsse in einer kleinen Pfanne ohne Fett goldbraun rösten, herausnehmen und abkühlen lassen.

3 Die Hälfte der Oat-Mischung in zwei Schraubgläser (à mind. 350 ml Inhalt) füllen. Die Hälfte der Schokolade und der Erdnüsse darauf verteilen. Die restliche Oat-Mischung einschichten. Mit der übrigen Schokolade, den übrigen Erdnüssen und Kakao-Nibs bestreuen. Die Gläser verschließen und mindestens 4 Stunden, am besten über Nacht, kalt stellen.

Türkisches Tofu-Rührei

Buchweizen-Grütze mit Saaten-Crunch

Indische Kichererbsen-Omelettes

BUCHWEIZEN-GRÜTZE

MIT SAATEN-CRUNCH

2 Personen

Zutaten

1 Zwiebel
1 Zweig Thymian
3 EL Olivenöl
100 g Buchweizengrütze
800 ml Gemüsebrühe
125 g Kirschtomaten
50 g Rote-Bete- oder Alfalfa-Sprossen
60 g (Vital-)Kerne-Mix (Mischung aus z.B. Soja-, Pinien-, Sonnenblumen- und Kürbiskernen)
1 EL Sesam
1 ½ EL Ahornsirup oder Agavendicksaft
¼ TL Pul Biber
Salz
125 g Sojasahne (Soja Cuisine)
Pfeffer

So geht's

1 Die Zwiebel schälen und fein hacken. Den Thymian waschen, trocken schütteln, die Blättchen abzupfen und fein hacken. 2 EL Olivenöl in einem Topf erhitzen und darin die Zwiebel goldgelb andünsten. Thymian und Grütze zugeben und unter Rühren kurz anschwitzen. Mit der Brühe ablöschen und zugedeckt bei kleiner Hitze ca. 40 Minuten auf kleinster Stufe quellen lassen.

2 Währenddessen die Tomaten waschen und halbieren, dabei den Stielansatz entfernen. Die Sprossen in ein Sieb geben, kalt abbrausen und abtropfen lassen. Übriges Öl in einer kleinen Pfanne erhitzen, darin den Kernemix und Sesam bei mittlerer Hitze rösten, bis sie duften. Ahornsirup oder Agavendicksaft und Pul Biber zugeben, leicht salzen und unter Rühren 1–2 Minuten karamellisieren lassen. Auf einen Teller geben und abkühlen lassen, evtl. zerkleinern.

3 Kurz vor Garzeitende die Sojasahne zur Grütze geben, alles cremig rühren und 2–3 Minuten bei mittlerer Hitze nochmals richtig heiß werden lassen. Mit Salz und Pfeffer abschmecken. Auf Schalen verteilen, Tomaten und Sprossen darauf geben und mit dem Saatencrunch bestreuen.

TÜRKISCHES **TOFU-RÜHREI**

2 Personen

Zutaten

1 kleine Zwiebel
1 Knoblauchzehe
3 türkische grüne (Spitz-) Paprika
4 EL Olivenöl
1 Dose stückige Tomaten (400 g Füllgewicht)
¼ TL getrockneter Oregano
⅓ TL gemahlener Kreuzkümmel
¾-1 TL Pul Biber
Salz - Pfeffer
200 g (fester) Seidentofu
¼ TL gemahlene Kurkuma
¼ TL Kala Namak (schwarzes Steinsalz)
1-2 Prisen Zucker
¼ Bund Petersilie

So geht's

1 Zwiebel und Knoblauch schälen und klein würfeln. Die Paprika vierteln, putzen, waschen und quer in schmale, kleine Streifen schneiden. Das Öl in einer beschichteten Pfanne erhitzen. Darin Zwiebel und Knoblauch bei mittlerer Hitze langsam goldgelb und weich dünsten. Die Paprika zugeben und bei mittlerer bis großer Hitze unter Rühren 2–3 Minuten anbraten, dann die stückigen Tomaten unterrühren. Mit Oregano, Kreuzkümmel, Pul Biber, Salz und Pfeffer würzen. Alles offen 10–15 Minuten bei kleiner Hitze köcheln lassen, bis die Paprika weich und die Tomaten leicht eingekocht sind.

2 Währenddessen den Tofu abgießen, leicht trocken tupfen und mit einer Gabel in gröbere Stücke zerteilen. Vorsichtig mit Kurkuma und Kala Namak mischen. Die Petersilie waschen trocken schütteln, die Blättchen abzupfen und grob hacken.

3 Die Tomatenmasse nochmals mit Salz, Pfeffer und Zucker abschmecken. Dann den Tofu darauf verteilen und leicht eindrücken. Einen Deckel auf die Pfanne legen und den Tofu nur eben heiß werden lassen. Mit der Petersilie bestreuen und mit türkischem Fladenbrot servieren.

TIPP *In Asienläden findet man häufig „festen" Seidentofu („firmsilken Tofu"), der mehr Biss und eine festere Konsistenz hat, als der normale Tofu. Er ist ideal für dieses Gericht, aber auch normaler geht.*

EIN GUTER GRUND, (ÖFTER) AUF EIER ZU VERZICHTEN:

Rund 235 Eier isst ein Deutscher im Jahr – als Frühstücksei, aber auch in Nudeln oder Gebäck. Das sind mindestens doppelt soviel wie von der DGE empfohlen. Dafür müssen Hennen in Legebatterien im Akkord Eier legen – bis zur völligen Auszehrung, eng eingepfercht in Käfige, ohne natürliches Licht. Und weil es nur Hennen braucht, werden männliche Küken direkt nach dem Schlüpfen geschreddert. Wem das noch nicht den Appetit aufs morgentliche Ei verdorben hat: Ein Sechserpack Eier kommt durch seine Erzeugung auf 1,2 Kilogramm CO_2 und belastet so unsere Umwelt.

INDISCHE KICHER-ERBSEN-OMELETTES

2 Personen

Zutaten

150 g Kichererbsenmehl
1 EL Leinsamenmehl
½ TL Backpulver
350 ml ungesüßter Haferdrink
1 TL Weißweinessig
½ TL Kala Namak (siehe Seite 47)
½ TL gemahlene Kurkuma
½ TL gemahlener Kreuzkümmel
1 große Zwiebel
1 grüne Chilischote
2 Tomaten
½ Bund Koriandergrün
Pflanzenöl zum Braten

So geht's

1 Das Kichererbsen- und Leinsamenmehl mit Backpulver mischen, dann nach und nach Haferdrink und Essig mit dem Schneebesen unterrühren. Mit Kala Namak, Kurkuma, Kreuzkümmel und wenig Salz und Pfeffer würzen. Etwa 10 Minuten quellen lassen. Sollte der Teig dann zu dick sein, etwas Wasser unterrühren.

2 Inzwischen die Zwiebel schälen und klein würfeln. Chili halbieren, putzen, waschen und sehr fein hacken. Tomaten waschen, halbieren, die Kerne entfernen und das Fruchtfleisch klein würfeln. Koriandergrün waschen, trocken schütteln, Blättchen abzupfen und klein schneiden.

3 In einer großen beschichteten Pfanne ausreichend Öl erhitzen, darin die Zwiebel bei mittlerer Hitze goldbraun andünsten, gegen Ende Chili zugeben und kurz mitdünsten. Beides aus der Pfanne nehmen und mit Tomaten und Koriandergrün unter den Kichererbsenteig mischen.

4 Die Pfanne sauber wischen, wenig Öl zugeben und heiß werden lassen. Die Hälfte des Teigs hineingeben und bei mittlerer Hitze zugedeckt 5–7 Minuten garen, bis das Omelette unten gebräunt und obenauf fest ist. Nach Wunsch nochmals wenden und die obere Seite bräunen, ansonsten so auf einen Teller gleiten lassen, vierteln und evtl. zugedeckt warm halten. Den übrigen Teig wie beschrieben verarbeiten, dann die Omelettes warm servieren.

TIPP **Wer allerdings ganz auf Eier verzichten will, hat viele Möglichkeiten, wie die beiden veganen Gerichte hier zeigen. Für den typischen leicht „schwefeligen" Eiergeschmack sorgt darin „Kala Namak" – „schwarzes Salz". Schwieriger ist es, die Bindeeigenschaft von Eiern wie z.B. beim Backen erforderlich, zu ersetzen. Auch hier gibt es viele vegane Möglichkeiten (siehe Seite 48).**

BANANA-PANCAKES

Für 2 Personen

Zutaten

1 EL Leinsamen
2 weiche Datteln (z.B. Medjool)
1 reife Banane (ca. 100 g Fruchtfleisch)
60 g Buchweizenmehl
50 g Dinkelmehl
1 gehäufter TL Backpulver
½ TL gemahlener Zimt
1 Prise Salz
90 ml ungesüßter Haferdrink
2 EL Rapsöl
Bananenscheiben und Dattel- oder Ahornsirup zum Servieren (nach Belieben)

So geht's

1 Die Leinsamen im Blitzhacker oder in einer Kaffeemühle fein mahlen, mit 3 EL heißem Wasser mischen und 20 Minuten quellen lassen.

2 Inzwischen die Datteln entsteinen, grob würfeln, mit 50 ml Wasser aufkochen und etwas abkühlen lassen. Die Banane schälen, in grobe Stücke schneiden und mit den Datteln samt Flüssigkeit mit einem Stabmixer pürieren. Beide Mehlsorten, Backpulver, Zimt und Salz mischen.

3 Mehlmischung, eingeweichte Leinsamen, Dattel-Bananen-Mix und Haferdrink zu einem glatten Teig verrühren. Das Öl nach und nach in einer großen beschichteten Pfanne erhitzen. Pro Pancakes 1 gehäuften EL Teig in die Pfanne geben und etwas flach streichen. Pro Seite 3–4 Minuten goldbraun braten. Auf diese Weise ca. 8 Pancakes ausbacken. Die Pancakes nach Wunsch mit Bananenscheiben und Sirup servieren.

EIN GUTER GRUND, „LEINSAMENEIER“ ZU VERWENDEN:

Für die Eierproduktion lebt ein Großteil der Hühner in Legebatterien oder engen Käfigen ohne natürliches Licht. Da nur weibliche Tiere Eier legen, werden die männlichen Küken direkt nach dem Schlüpfen geschreddert – kein Wunder, dass nicht nur Veganer gerne auf Eier verzichten.

Darum: ***Es geht auch ohne Ei! In einfachen Teigen wie Pfannkuchen- oder Rührteig lassen sich Eier problemlos durch aufgequollene Leinsamen ersetzen. In Verbindung mit Wasser bilden die Power-Samen eine Art Gel, die den Teig ganz ohne Ei bindet und saftig macht. Faustregel: Ein Mix aus 1 EL Leinsamen (oder 1 TL Leinsamenmehl) und 3 EL Wasser ersetzt 1 Ei.***

TIPP

Nuss(frisch)käse ist besonders nachhaltig, wenn Nüsse erst für den Drink eingeweicht, und die „Nusstrester" (ausgepresste Nussstücke) anschließend zu Käse verarbeitet werden.

CASHEW-FRISCHKÄSE

Für 2 Personen

Zutaten

200 g Cashewkerne (oder preiswerter: Cashew-Nussbruch)
100 ml ungesüßter Cashewdrink (alternativ Reis- oder Sojadrink)
1 ½ EL Zitronensaft
1 TL Weißweinessig
2 TL Hefeflocken
½ TL Kräuter der Provence
2 Msp. edelsüßes Paprikapulver
Salz - Pfeffer
1 kleine Knoblauchzehe (nach Belieben)
Dill (nach Belieben)

So geht's

1 Die Nüsse in eine Schüssel geben und mindestens 4 Stunden oder über Nacht (höchstens aber 12 Stunden) in 250 ml kaltem Wasser einweichen (die Schüssel abdecken). Am nächsten Tag in ein Sieb abgießen, kalt abbrausen und das Einweichwasser weggießen.

2 Die Cashews in einem leistungsstarken Standmixer fein pürieren, dabei nach und nach den Cashewdrink dazu geben, bis eine feine, cremige Masse entstanden ist. Dabei die Nussmasse anfangs immer wieder von den Wänden des Mixbehälters herunterschaben, damit alles gleichmäßig püriert wird und keine Nusstücke mehr enthalten sind.

3 Zitronensaft, Essig, Hefeflocken, Kräuter und Paprikapulver unter die Creme mischen, dann kräftig salzen und pfeffern. Wer will, schält noch den Knoblauch, presst ihn dazu und rührt alles gründlich untereinander. Nach Wunsch Dill waschen, trocken schütteln, grob hacken und über das Brot geben.

VEGANE „LEBER"-WURST

Für ca. 500 g

Zutaten

1 Dose Kidneybohnen (ca. 260 g Abtropfgewicht)
1 kleine Zwiebel
1 Knoblauchzehe
2 EL Rapsöl
1 EL getrockneter Majoran
2 EL Apfelsaft
250 g Räuchertofu
Salz - Pfeffer

So geht's

1 Die Kidneybohnen abgießen, kalt abspülen und gut abtropfen lassen. Die Zwiebel und den Knoblauch schälen und würfeln. Das Öl in einer kleinen Pfanne erhitzen, Zwiebel und Knoblauch darin glasig andünsten. Den Majoran unterrühren, den Apfelsaft angießen, kurz aufkochen lassen und vom Herd nehmen.

2 Den Räuchertofu klein würfeln und mit den Kidneybohnen und der Zwiebelmischung in einen leistungsstarken Standmixer geben. Alles cremig pürieren, dabei evtl. noch 1–2 TL Öl zugeben. Mit Salz und Pfeffer abschmecken und in ein sauberes Schraubglas füllen. So hält sich der Aufstrich im Kühlschrank ca. 1 Woche.

Süßkartoffel-Hummus
Paprika-Dip
Bohnen-Dip
Socca – Provenzalische Kichererbsenfladen

SOCCA

PROVENZALISCHE KICHERERBSENFLADEN

Für 2 Personen

Zutaten

150 g Kichererbsenmehl
½ TL gemahlener Kreuzkümmel
Salz
1 kleine Knoblauchzehe
2 EL Olivenöl
Olivenöl zum Braten

So geht's

1 Das Kichererbsenmehl mit Kreuzkümmel, ¾ TL Salz und 280 ml Wasser mit dem Schneebesen gründlich verrühren. Den Knoblauch schälen und halbieren. Eine Hälfte dazu drücken und mit 2 EL Olivenöl unterrühren, dann den Teig ca. 1 Stunde zugedeckt ruhen lassen.

2 Den Backofen auf 220 °C (Ober-/Unterhitze) vorheizen, dabei eine ofenfeste Pfanne (ca. 26 cm Durchmesser, möglichst aus Gusseisen) gleich miterhitzen. Die Pfanne vorsichtig (mit Topflappen) herausnehmen – sie ist glühend heiß – und reichlich Öl hineingeben, dieses durch Schwenken darin verteilen.

3 Die Hälfte des Teiges hineingeben und zügig glatt verstreichen. Sofort wieder in den Ofen geben (Mitte, 200 °C Umluft) und in 15–18 Minuten, je nach Dicke, goldbraun und knusprig backen. Die Pfanne herausnehmen und den ersten Socca-Fladen vorsichtig herauslösen, anschließend den zweiten Fladen wie beschrieben zubereiten. Die Fladen lauwarm oder abgekühlt servieren, zum Essen in Stücke brechen und mit einem Dip oder einfach so genießen.

EIN GUTER GRUND, KICHERERBSENMEHL ZU VERWENDEN:

Kichererbsenmehl ist glutenfrei, enthält aber reichlich pflanzliches Eiweiß. Es ist nicht nur als Weizenmehlersatz für Allergiker, sondern auch für alle, die auf tierisches Eiweiß verzichten, ideal. Weizenmehl lässt sich in Gebäck teilweise (problemlos sind bis zu ca. 20 Prozent) durch Kichererbsenmehl ersetzen. In manchen Gerichten, bei denen nicht die Backeigenschaften von Mehl mit Gluten erforderlich sind, lässt es sich vollständig ersetzen. Da es aber mehr Feuchtigkeit bindet, sollte nur etwa Dreiviertel der angegebenen Weizenmehlmenge davon verwendet werden. Kichererbsenmehl besitzt darüber hinaus gute Bindeeigenschaften und ist ein prima Eierersatz in veganen Rezepten (siehe Seite 160).

SÜSSKARTOFFEL-HUMMUS

Für 2-4 Personen

Zutaten

2 Süßkartoffeln (à ca. 250 g)
1 Knoblauchzehe
2 EL Tahin (Sesammus)
2-3 EL Zitronensaft
4-5 EL Gemüsebrühe
4 EL Olivenöl
Salz - Pfeffer
½ TL gemahlener Kreuzkümmel
1-2 Msp. Chilipulver
3 Stängel Petersilie

So geht's

1 Den Backofen auf 200 °C (Ober-/Unterhitze) vorheizen. Die Süßkartoffeln waschen und mit einer Gabel mehrmals ringsum tief einstechen. Auf einem Blech verteilen und im heißen Ofen

(Mitte) je nach Größe 50 Minuten–1 Stunde 15 Minuten garen – sie sind gar, wenn sie sich leicht und ohne Widerstand einstechen lassen.

2 Herausnehmen und mindestens lauwarm abkühlen lassen. Längs aufschneiden und das Fruchtfleisch aus der Schale kratzen. Knoblauch schälen und fein hacken. Mit Süßkartoffelfruchtfleisch, Tahin, Zitronensaft, Brühe und Öl cremig pürieren. Mit Salz, Pfeffer, Kreuzkümmel und Chili pikant würzen. Petersilie waschen, trocken schütteln, Blättchen abzupfen, grob hacken und über den Dip streuen.

BOHNEN-**DIP**

Für 2-4 Personen

Zutaten

- 1 Dose weiße Bohnen (400 g Füllgewicht)
- 1 Knoblauchzehe
- 1 kleiner Zweig Rosmarin
- 2 Zweige Thymian
- 4 EL Olivenöl
- 1 EL Tomatenmark
- ½ Lorbeerblatt
- Salz - Pfeffer
- Chilipulver

So geht's

1 Die Bohnen in ein Sieb abgießen, dabei das Einlegewasser auffangen. Knoblauch schälen und fein würfeln. Kräuter waschen, Nadeln bzw. Blättchen abzupfen und fein hacken.

2 Die Hälfte des Öls in einem Topf erhitzen und darin den Knoblauch andünsten. Tomatenmark, frische Kräuter und Lorbeerblatt zugeben und unter Rühren kurz anrösten. Mit etwas Bohnenwasser ablöschen. Bohnen zugeben, mit Salz, Pfeffer und 1–2 Msp. Chilipulver würzen. Nochmals etwas Bohnenwasser zugeben. Alles offen bei kleiner Hitze 5 Minuten köcheln lassen. Vom Herd nehmen und abkühlen lassen.

3 Das Lorbeerblatt entfernen und die Bohnenmasse anschließend mit dem Stabmixer je nach Wunsch mehr oder weniger fein pürieren, dabei das übrige Olivenöl und soviel Bohnenwasser zugeben, bis die gewünschte Konsistenz erreicht ist. Mit Salz und Pfeffer abschmecken.

PAPRIKA-**DIP**

Für 2-4 Personen

Zutaten

- 3 rote Paprika
- 5 getrocknete (Soft-)Aprikosen
- 1 Knoblauchzehe
- 5 Zweige Thymian
- 5 EL Olivenöl
- Salz - Pfeffer
- 3 Msp. Pimentón de la vera
- ⅓ TL gemahlener Kreuzkümmel
- 3 Msp. gemahlener Zimt
- 1 EL Weißweinessig
- 1 EL Mandel- oder Cashewnussmus

So geht's

1 Paprika halbieren, putzen, waschen und klein würfeln. Aprikosen klein hacken. Knoblauch schälen und fein würfeln. Thymian waschen, trocken schütteln, Blättchen abzupfen, grob hacken.

2 Das Öl in einer Pfanne erhitzen und darin die Paprika anbraten, bis sie leicht bräunt. Hitze reduzieren, Knoblauch und Thymian zugeben und unter Rühren kurz mitbraten. 3–4 EL Wasser und Aprikosen zugeben, mit Salz, Pfeffer, Pimentón de la vera, Kreuzkümmel und Zimt würzen. Alles bei kleiner Hitze 15 Minuten garen, bis die Paprika weich sind. Gegen Ende Essig unterrühren und verkochen lassen. Abkühlen lassen.

3 Mandel- oder Cashewmus zu der Paprikamasse geben und alles nach gewünschter Konsistenz mehr oder weniger fein pürieren.

AVOCADO-SCHNITTE

Für 2 Personen

Zutaten

- 1 vorgegarte Rote Bete Knolle (ca. 75 g; selbstgegart oder Fertigprodukt)
- 2 gestrichene TL Soja-Quarkalternative
- Salz · Pfeffer
- 1 Msp. gemahlener Kreuzkümmel
- 1 TL Mandelblättchen
- 1 nicht zu weiche, mittelgroße Avocado (ca. 260 g)
- Zitronensaft zum Beträufeln
- 2 Scheiben Vollkornbrot (à ca. 60 g)

So geht's

1 Die Rote Bete grob würfeln und mit der Soja-Quarkalternative in ein hohes Mixgefäß oder einen Standmixer geben, fein pürieren und mit Salz, Pfeffer und Kreuzkümmel abschmecken.

2 Die Mandelblättchen in einer Pfanne ohne Fett rösten, bis sie duften. Herausnehmen und abkühlen lassen. Inzwischen die Avocado halbieren und den Kern und die Schale entfernen. Jede Avocadohälfte quer in 2–3 mm dünne Scheiben schneiden. Die Scheiben vorsichtig fächerförmig auseinander ziehen und den entstehenden Avocadostrang zu einer Spirale einrollen. Mit dem Zitronensaft beträufeln und leicht salzen.

3 Die Brote nach Belieben toasten und jeweils die Hälfte der Rote-Bete-Creme darauf verteilen. Die Avocado-Rosen mit Hilfe eines Tortenhebers vorsichtig auf die Brote setzen. In die Mitte der „Rosen" jeweils die Hälfte der Mandelblättchen streuen.

EIN GUTER GRUND, AVOCADOS IN MAßEN ZU GENIESSEN: Avocados sind reich an wertvollen Fettsäuren und nicht nur für Veganer ein toller Butterersatz auf dem Brot. In den letzten Jahren ist allerdings ein wahrer Hype um die Avocado entstanden, die hauptsächlich in Südamerika und vor allem in Mexiko, angebaut wird. Dort führt die verstärkte Nachfrage zur Rodung von 1500–4000 Hektar Wald pro Jahr. Die Frucht muss außerdem intensiv bewässert werden und hat lange Transportwege hinter sich, bis sie bei uns auf dem Teller landet. Ihr ökologischer Fußabdruck ist laut Klimarechner daher etwa ebenso groß wie der von Butter.

Darum: *Avocados sind eine sinnvolle und gesunde Bereicherung des vegetarischen Speiseplans. Damit die Umwelt möglichst wenig belastet wird, diese besser nur in Maßen genießen und zu Früchten mit Bio-Siegel greifen, die in Spanien oder Israel nachhaltiger angebaut werden und kürzere Transportwege haben als Avocados aus Südamerika.*

SNACKS UND FAST FOOD

FALAFEL-PITA

Für 2 Personen

Zutaten

FÜR DIE FALAFELN:

100 g getrocknete Kichererbsen
1 Zwiebel
½ Knoblauchzehe
½ Bund Petersilie
½ Bund Koriandergrün
¾ TL gemahlener Kreuzkümmel
½ TL gemahlener Koriander
2-3 Msp. Chilipulver
Salz
½ TL Backpulver
1-2 EL Kichererbsenmehl (nach Belieben)
Öl zum Frittieren

FÜR DIE SAUCE:

½ Knoblauchzehe
½ Bund Petersilie
1 TL Ahornsirup
Saft von ½ Zitrone
4 EL Tahin (Sesammus)
Salz - Pfeffer

AUSSERDEM:

100 g Rotkohl
1 Tomate
1 Mini-Bio-Gurke
4 Pitafladen
Chiliflocken (nach Belieben)

So geht's

1 Für die Falafeln die Kichererbsen über Nacht in reichlich Wasser (sie verdoppeln fast ihr Volumen) einweichen. Am nächsten Tag abgießen, kalt abbrausen und abtropfen lassen. Zwiebel und Knoblauch schälen und fein würfeln. Die Kräuter waschen, trocken schütteln, die Blättchen abzupfen und grob hacken. Alles mit den Gewürzen und etwa ¾ TL Salz im Blitzhacker oder mit dem Stabmixer pürieren, sodass eine eher trockene, krümelige Masse entsteht, die aneinanderhaftet, wenn man sie mit den Fingern zusammendrückt. Backpulver und je nach Konsistenz 1–2 EL Kichererbsenmehl untermischen.

2 Für die Sauce den Knoblauch schälen und grob hacken. Die Petersilie waschen, trocken schütteln, Blättchen abzupfen und grob hacken. Beides mit Ahornsirup, Zitronensaft, und Tahin fein pürieren, dabei nach und nach 6–8 EL möglichst (eis-)kaltes Wasser zugeben, bis die gewünschte Konsistenz erreicht ist. Salzen und pfeffern.

3 Den Rotkohl putzen, waschen und in feine Streifen hobeln. Mit etwas Salz mischen und kräftig mit den Händen durchkneten, bis er weicher wird. Die Tomate waschen, halbieren und in Würfel schneiden, dabei den Stielansatz entfernen. Gurke waschen und ebenfalls würfeln.

4 Die Kichererbsenmasse in 12 Portionen teilen, diese jeweils zu Bällchen formen – dazu einfach den Teig rund so zusammendrücken, dass er gut hält. Die Pitafladen nach Packungsanweisung aufrösten und warm halten. Reichlich Öl in einem weiten Topf erhitzen – es ist heiß genug, wenn an einem hölzernen Kochlöffelstiel, den man hineinhält, sprudelnd kleine Bläschen aufsteigen. Die Falafeln darin portionsweise in 3–4 Minuten knusprig braun ausbacken. Herausheben und auf Küchenpapier abtropfen lassen.

5 Jeweils etwas Rotkohl, Falafeln, Tomate und Gurke in die Pitataschen füllen und mit der Tahin-Sauce beträufeln. Nach Wunsch mit ein paar Chiliflocken bestreuen.

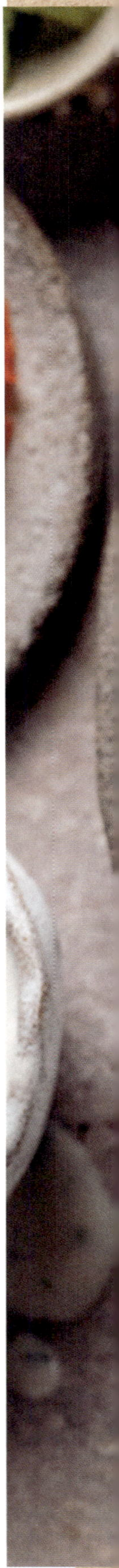

EIN GUTER GRUND, GETROCKNETE HÜLSENFRÜCHTE ZU KAUFEN:

Hülsenfrüchte wie Kichererbsen oder verschiedene Bohnensorten gibt es inzwischen vorgegart in Dosen, vakuumverpackt oder sogar tiefgefroren zu kaufen – ein tolle Alternative immer dann, wenn es schnell gehen muss. Die Koch- und Einweichzeit entfällt zwar, dafür fällt meist reichlich Verpackungsmüll an, der die Umwelt mehr oder weniger belastet (siehe Seite 28).

Darum: *Öfter getrocknete Hülsenfrüchte kaufen, die im Verhältnis von Verpackung zu Inhalt wesentlich nachhaltiger und im Regelfall auch preiswerter sind. Am besten gleich eine größere Menge garen, das spart Energie und die Reste in wiederverwertbaren Gefrierboxen einfrieren.*

Kichererbsensalat-
Sandwich

Gemüse-Gyros mit Zaziki

Sellerieschnitzel-
Sandwich

KICHERERBSEN-SALAT-SANDWICH

Für 2 Personen

Zutaten

1 Dose Kichererbsen (ca. 260 g Abtropfgewicht)
30 g Sonnenblumenkerne
2 Frühlingszwiebeln
2 Stangen Staudensellerie
½ Bund Dill
50 g vegane Mayonnaise (aus dem Glas)
½ TL Senf
½ TL Ahornsirup
1 Spritzer Zitronensaft
½ TL Kala Namak
Pfeffer
1 Prise gemahlene Kurkuma
4 Scheiben Vollkornbrot
Salatblätter

So geht's

1 Die Kichererbsen abgießen (Flüssigkeit evtl. auffangen) und abtropfen lassen. Die Sonnenblumenkerne in einer Pfanne ohne Fett rösten, bis sie duften, dann herausnehmen. Die Frühlingszwiebeln putzen, waschen und fein hacken. Den Sellerie putzen, entfädeln, waschen und fein schneiden. Den Dill waschen, trocken schütteln, die Spitzen abzupfen und fein hacken.

2 Die Kichererbsen in einer Schüssel mit einem Kartoffelstampfer oder einer Gabel zerdrücken. Mayonnaise, Senf, Ahornsirup, Zitronensaft und Kurkumapulver zugeben und untermischen. Sonnenblumenkerne, Frühlingszwiebeln, Sellerie und Dill zugeben und unterheben. Mit Kala Namak und Pfeffer abschmecken.

3 Die Brotscheiben nach Belieben toasten und mit den gewaschenen und abgetropften Salatblättern belegen. Den Kichererbsensalat darauf verteilen und servieren.

TIPP ***Der Kichererbsensalat lässt sich gut vorbereiten und bleibt abgedeckt im Kühlschrank ca. 3 Tage frisch.***

GEMÜSE-GYROS

MIT ZAZIKI

Für 2 Personen

Zutaten

FÜR DAS GYROS:

1 kleine Zucchini
1 kleine Aubergine
1 gelbe Paprika
1 kleine Fenchelknolle
1 Knoblauchzehe
Olivenöl
Salz - Pfeffer
⅓ TL getrockneter Oregano
½ TL gemahlener Kreuzkümmel
¼ TL edelsüßes Paprikapulver
3 Msp. Chiliflocken
2 EL Weißweinessig
½ (türkisches) Fladenbrot

FÜR DAS ZAZIKI:

½ Bio-Salatgurke
Salz
1 Knoblauchzehe
350 g Soja-Quarkalternative)
½ Bund Dill
2 EL Olivenöl
¼ TL gemahlener Kreuzkümmel
⅓ TL getrockneter Oregano
Pfeffer

So geht's

1 Für das Zaziki die Gurke waschen und auf einer Rohkostreibe grob raspeln. Mit 1 guten Prise Salz in einem Sieb mischen und ca. 15 Minuten Wasser ziehen lassen. Anschließend gründlich mit den Händen ausdrücken. Währenddessen den Knoblauch schälen und zum Sojaquark drücken. Den Dill waschen, trocken schütteln, die Spitzen abzupfen und fein hacken, etwas davon beiseitelegen. Den Rest mit den ausgedrückten Gurken, Olivenöl, Kreuzkümmel und Oregano unter den Quark mischen, mit Salz und Pfeffer würzen und möglichst noch etwas ziehen lassen.

2 Das Gemüse putzen und waschen. Die Zucchini in ca. 4 mm dicke, schräge Scheiben schneiden. Die Aubergine in knapp 1 cm dicke Scheiben und die Paprika längs in ca. 1 cm breite Streifen schneiden. Den Fenchel längs halbieren und die Hälften in möglichst feine Spalten schneiden, dann den Strunk so herausschneiden, dass er alles gerade noch zusammenhält. Den Knoblauch schälen und fein hacken.

3 Reichlich Olivenöl in einer beschichteten Pfanne erhitzen. Darin Zucchini, Fenchel und Paprika bei großer Hitze 3–4 Minuten braun anbraten. Salzen, pfeffern, die Hälfte des Knoblauchs zugeben und in weiteren 3–4 Minuten bei mittlerer Hitze braten, bis das Gemüse weich und leicht gebräunt ist. Aus der Pfanne nehmen. Olivenöl nachgießen und heiß werden lassen, darin die Auberginen bei großer Hitze braun braten. Die Hitze reduzieren, übrigen Knoblauch zugeben und in 5–6 Minuten weich braten. Fenchel, Zucchini und Paprika zurück in die Pfanne geben. Alles mit Salz, Pfeffer, Oregano, Kreuzkümmel, Paprikapulver und Chiliflocken würzen und mit dem Essig ablöschen. Weitergaren, bis der scharfe Essiggeruch verflogen ist.

4 Das Brot halbieren und so aufschneiden, dass es am Rand noch zusammenhält. Das Gemüsegyros in den Einschnitt geben, Zaziki darauf verteilen und mit dem Dill bestreuen.

SELLERIESCHNITZEL-SANDWICH

Für 2 Personen

Zutaten

½ kleine Sellerieknolle (ca. 400 g)
Salz
2 TL Zitronensaft
Pfeffer
2-3 TL Senf
5 EL Vollkorn-Semmelbrösel
2-3 EL Öl zum Braten
1 Herz Romanasalat
1 kleine Vespergurke
3 getrocknete Tomaten (in Öl)
2 TL Kapern
4 EL vegane Mayonnaise (aus dem Glas)
2 EL gehackte Petersilie
2 längliche Vollkorn-brötchen

So geht's

1 Für die „Schnitzel" den Sellerie schälen, putzen und in möglichst gleichmäßig breite Scheiben (je ca. 1 cm breit) schneiden. Die Scheiben in wenig Salzwasser ca. 3 Minuten vorkochen. Herausnehmen, abtropfen lassen, mit Zitronensaft beträufeln, salzen und pfeffern. Die Scheiben von beiden Seiten dünn mit Senf bestreichen und in den Semmelbröseln wenden. Die Panade etwas andrücken. Das Öl in einer großen Pfanne erhitzen. Die Sellerieschnitzel darin bei mittlerer Hitze von jeder Seite in 5–6 Minuten goldbraun braten.

2 Inzwischen den Salat putzen, in Blätter teilen, waschen und trocken schütteln. Die Gurke waschen und in dünne Scheiben hobeln oder schneiden. Die getrockneten Tomaten gut abtropfen lassen, mit Küchenpapier abtupfen und in kleine Würfel schneiden. Die Kapern ebenfalls gut abtropfen lassen und klein hacken. Die vegane Mayonnaise mit getrockneten Tomaten, Kapern und Petersilie verrühren, mit Salz und Pfeffer abschmecken.

3 Die Brötchen aufschneiden und die Schnittflächen jeweils mit etwas Mayonnaise bestreichen. Die Brötchen-Böden mit den Salatblättern belegen. Die Sellerieschnitzel auf Küchenpapier abtropfen lassen und auf die Böden legen. Die Gurkenscheiben darauf verteilen und die Deckel der Brötchen auflegen. Die Schnitzelbrötchen mit der übrigen Mayonnaise servieren.

SEITAN-BÁNH-MÌ

Für 2 Personen

Zutaten

FÜR DIE PICKLES:
1 dicke Möhre
5 Radieschen – 120 g Bio-Gurke
10 g frischer Ingwer
¾ TL (brauner) Zucker
Salz
3 EL Reis- oder Weißweinessig
2–3 Msp. Chiliflocken

FÜR DEN SEITAN:
200 g Seitan
½ Knoblauchzehe
2 EL Sojasauce
3 TL Ahornsirup
2 TL Reis- oder Weißweinessig
1 TL Chilisauce (z.B. Sriracha)
Saft von 2 Orangen
Pflanzenöl zum Braten
(Rauch-)Salz

FÜR DAS DRESSING:
½ Bund Koriandergrün
½ Knoblauchzehe
1 ½ TL Weißweinessig
200 g Seidentofu
3 EL neutrales Pflanzenöl
Salz – Pfeffer

AUSSERDEM:
2 lange Baguettebrötchen
8 Salatblätter
½ Bund Koriandergrün

So geht's

1 Die Möhre schälen. Die Radieschen putzen und waschen. Die Gurke waschen, längs halbieren und die Kerne herauskratzen. Gurke und Möhre in feine Stifte (Julienne) hobeln oder schneiden. Die Radieschen in dünne Scheiben schneiden. Den Ingwer schälen, sehr fein würfeln, mit Zucker, 1 TL Salz, Essig, Chiliflocken und dem Gemüse mischen und alles leicht ineinander einmassieren, bis es weicher wird und Flüssigkeit austritt. In ein verschließbares Bügelglas geben und fest nach unten drücken. Mindestens 4 Stunden (aber besser über Nacht) im Kühlschrank oder an einem kühlen Ort durchziehen lassen.

2 Den Seitan in ca. 5 mm dicke Scheiben schneiden. Den Knoblauch schälen, in ein Schälchen pressen und mit Sojasauce, Ahornsirup, Essig, Chilisauce und Orangensaft verrühren. Die Marinade und den Seitan miteinander mischen und ca. 10 Minuten ziehen lassen.

3 Für das Dressing das Koriandergrün waschen, gut abtrocknen, Blättchen abzupfen und fein hacken. Knoblauch schälen und in ein hohes Rührgefäß pressen. Koriander, Essig und Tofu dazu geben und das Öl darauf gießen. Alles mit dem Stabmixer auf kleiner Stufe pürieren und den Stab dabei von oben nach unten ziehen. Salzen und pfeffern.

4 Reichlich Öl in einer Pfanne erhitzen. Den Seitan aus der Marinade nehmen und abtropfen lassen – die Marinade nicht weggießen. Den Seitan auf beiden Seiten jeweils 3 Minuten goldbraun braten. Herausnehmen, Pfanne auswischen und dann die Marinade in die Pfanne geben. Einmal auf-, dann bei mittlerer Hitze leicht sirupartig einkochen lassen. Salzen, den Seitan einlegen und weiter einkochen, dabei mehrmals wenden. Köcheln lassen, bis die Sauce fast vollständig verkocht und der Seitan glänzend damit überzogen ist.

5 Brötchen aufschneiden. Die Schnittflächen mit Dressing bestreichen. Salat und Koriandergrün waschen, trocken schütteln. Salat kleiner zupfen, Korianderblättchen abzupfen. Salat auf Brötchenhälften verteilen, Brötchenböden mit Seitan belegen, darauf Pickles häufen und mit Koriander bestreuen. Die Deckel auflegen, leicht festdrücken.

TIPP

Wer möchte, bereitet gleich die doppelte Menge Pickles zu – sie halten sich im verschlossenen Glas einige Tage im Kühlschrank und sind eine vielseitige kleine Beilage.

Veganer Nacho-Cheese-Dip
Guacamole
Schwarze-Bohnen-Dip

SCHWARZE-BOHNEN-DIP

Für 2-4 Personen

Zutaten

1 Dose schwarze Bohnen (400 g Füllgewicht)
1 Zwiebel
2 Knoblauchzehen
4 EL Olivenöl
½ Bund Koriandergrün
¾ TL gemahlener Kreuzkümmel
½ TL Chilipulver
(Rauch-)Salz
Pfeffer
¾ EL Weißweinessig

So geht's

1 Die Bohnen in ein Sieb abgießen, dabei die Einlegeflüssigkeit auffangen. Zwiebel und Knoblauch schälen und klein würfeln. Das Olivenöl in einer beschichteten Pfanne erhitzen und darin beides bei mittlerer Hitze in ca. 10 Minuten langsam goldgelb und weich dünsten. Inzwischen das Koriandergrün waschen, trocken schütteln, die Blättchen abzupfen und grob hacken.

2 Die Zwiebel-Knoblauch-Mischung mit Bohnen, Gewürzen, Essig, 5 EL Bohnenwasser und Koriandergrün (etwas Koriandergrün beiseitelegen) mit einem Stabmixer fein pürieren. Evtl. noch etwas Bohnenwasser untermixen. Salzen, pfeffern, mit übrigem Koriandergrün bestreuen und zu Nachos oder Rohkost servieren.

GUACAMOLE

Für 2-4 Personen

Zutaten

2 große reife Avocados (Sorte Hass)
Saft von 1 Limette
1 Knoblauchzehe
1 große Tomate
1 Frühlingszwiebel
½ Bund Koriandergrün
Salz - Pfeffer
2 Msp. Chilipulver
½ TL gemahlener Kreuzkümmel

So geht's

1 Die Avocados halbieren, den Kern entfernen, das Fruchtfleisch mit einem Löffel aus der Schale kratzen und sofort mit Limettensaft mischen, damit es nicht braun wird. Den Knoblauch schälen und dazu pressen. Die Tomate waschen, halbieren und in kleine Würfel schneiden. Frühlingszwiebel waschen, trocken schütteln, den grünen Teil in feine Ringe schneiden, den weißen Teil längs vierteln und fein hacken. Das Koriandergrün waschen, trocken schütteln, die Blättchen abzupfen und fein hacken.

2 Die Avocado mit einer Gabel nach Wunsch mehr oder weniger stark zermusen, dann die übrigen Zutaten untermengen (etwas Koriandergrün beiseitelegen). Mit Salz, Pfeffer, Chilipulver und Kreuzkümmel würzen und möglichst noch 30 Minuten durchziehen lassen, dann mit dem übrigem Koriandergrün bestreuen und zu Nachos, Rohkost oder Brot servieren.

VEGANER NACHO-CHEESE-DIP

Für 2-4 Personen

Zutaten

1 große Möhre (ca. 100 g)
2 mehligkochende Kartoffeln (ca. 250 g)
1 Zwiebel
2 Knoblauchzehen
2 EL Pflanzenöl zum Braten
250 ml Gemüsebrühe
100 g Cashewbruch
6 EL Cashewdrink
1-1 ½ EL Hefeflocken
1 EL abgetropfte, eingelegte Jalapeño-Ringe (plus Einlegeflüssigkeit)
3 EL Limettensaft
Salz - Pfeffer
3 Msp. gemahlene Kurkuma
¼ TL Pimentón de la vera

So geht's

1 Die Möhre und die Kartoffeln schälen, waschen und in kleine Würfel schneiden. Zwiebel und Knoblauch schälen und getrennt fein würfeln. Das Öl in einem Topf erhitzen und darin die Zwiebel goldgelb dünsten. Den Knoblauch zugeben und kurz mitdünsten. Mit der Brühe ablöschen und Kartoffeln, Möhre und Cashewbruch unterrühren. Zugedeckt bei mittlerer Hitze ca. 15 Minuten garen, bis das Gemüse weich ist.

2 Alles in ein Sieb abgießen, dabei die Brühe auffangen. Cashew-Gemüse-Mischung mit Nussdrink, 1 EL Hefeflocken, Limettensaft und abgetropften Jalapeño-Ringen fein pürieren, dabei nach und nach 3–5 EL Jalapeño-Einlegewasser und soviel Brühe zugeben, bis eine cremige, je nach Wunsch mehr oder weniger flüssige Sauce entstanden ist. Mit Salz, Pfeffer, Kurkuma und Pimentón de la vera würzen.

TIPP *Wer es „käsiger" mag, mixt noch Hefeflocken unter, wer Schärfe liebt noch ein paar Chiliringe und/oder Jalapeñoeinlegeflüssigkeit.*

EIN GUTER GRUND PIMENTÓN DE LA VERA ZU KENNEN:

Bei Pimentón de la vera handelt es sich um zermahlene, getrocknete und geräucherte Paprikaschoten. Das Gewürz aus der spanischen Provinz la Vera hat ein intensives Raucharoma und bringt so jede Menge Aroma in vegane Gerichte – besser als jedes Stückchen Speck! Es gibt zwei Sorten, die sich in Schärfe und Aroma unterscheiden: mild (dulce) und scharf (picante) – wer sich für mild entscheidet, kann dann je nach persönlicher Vorliebe oder Gericht noch Chilipulver dazugeben.

PULLED-PILZ-BURGER

Für 4 Personen

Zutaten

½ kleiner Weißkohl (ca. 400 g)
1 dicke Möhre
Salz
4 EL vegane Mayonnaise (siehe Seite 77 oder Fertigprodukt)
4–5 EL Sojasahne (Soja Cuisine)
2 EL Weißweinessig
Pfeffer
8 große dicke Kräuterseitlinge
2 Knoblauchzehen
4 EL Rapsöl
¾ TL edelsüßes Paprikapulver
¼ TL Chilipulver
½ TL Zucker
1 große Tomate
1 große Zwiebel
4 Blätter Kopfsalat (nach Belieben)
4 (Vollkorn-)Hamburger-Brötchen
6–8 EL Barbecue-Sauce (möglichst mit Raucharoma)

So geht's

1 Den Kohl waschen, längs vierteln, Strunk entfernen und die Viertel quer in feine Streifen schneiden. Möhre schälen und grob raspeln. Beides mit 1 Prise Salz mischen und kräftig mit den Händen durchkneten, bis Wasser austritt und der Kohl schön weich ist. Die Mayonnaise mit Sojasahne und Essig verrühren, mit Salz und Pfeffer würzen und mit dem Kohl mischen. Zugedeckt möglichst 2 Stunden ziehen lassen.

2 Die Pilze putzen. Dann mit einer Gabel von der Kappe her beginnend etwas tiefer einstechen und diese nach unten zum Stielende durchziehen. Wieder daneben oben einstechen und nach unten ziehen. Diesen Vorgang immer wiederholen – so zerfasert der Pilz in langen unregelmäßigen Streifen, die man gegebenenfalls noch von Hand längs zerzupfen kann. Den Pilzhut mit den Fingern ebenfalls zerfasern.

3 Den Backofen auf 200 °C (Ober-/Unterhitze) vorheizen. Knoblauch schälen und 3 EL Öl pressen. Mit Paprika-, Chilipulver und Zucker verrühren und kräftig salzen, pfeffern (es darf ruhig recht salzig schmecken). Pilze auf ein mit Backpapier ausgelegtes Blech geben, gründlich mit Würzöl mischen, dann flach über das gesamte Blech verteilen. Im heißen Ofen (Mitte) 20–25 Minuten garen, dabei ein- bis zweimal vorsichtig durchrühren, damit möglichst viel Flüssigkeit verdampft und die Pilze am Ende leicht trocken und gebräunt sind. Währenddessen die Tomate waschen und quer in dünne Scheiben schneiden. Zwiebel schälen, längs halbieren und in dünne Streifen schneiden. Nach Wunsch Salat waschen und gut abtrocknen. Die Pilze aus dem Ofen nehmen und Brötchen nach Packungsanweisung aufbacken.

4 Inzwischen restliches Öl in einer beschichteten Pfanne erhitzen. Darin Zwiebeln langsam braten, bis sie leicht bräunen. Pilze zugeben, kurz mitbraten, Barbecue-Sauce zugeben und alles bei kleiner Hitze unter Rühren heiß werden lassen. Brötchenböden nach Wunsch mit je 1 Salatblatt belegen, darauf Kohlsalat, dann Pilze darauf häufen, mit Tomatenscheiben abdecken. Die Deckel auflegen und leicht festdrücken.

EIN GUTER GRUND, AUF JACKFRUIT ZU VERZICHTEN: Die tropische Jackfrucht gilt seit einiger Zeit als hipper, veganer Fleischersatz. Ihr faseriges Fruchtfleisch liefert in Sachen Optik und Mundgefühl den idealen Ersatz für Pulled Pork. Was ihre Nährwerte angeht, hat sie allerdings weniger zu bieten als jede Kartoffel und ihre Ökobilanz ist aufgrund der langen Transportwege (meist zusätzlich in Dosen verpackt oder in Plastik verschweißt) katastrophal.

Darum: *Wer zumindest optisch nicht auf sein Pulled Pork verzichten will, sollte unser Rezept mit Pilzen probieren: Kräuterseitlinge sind zwar nicht billig, aber preiswerter als gutes Fleisch und werden wesentlich nachhaltiger auch hierzulande angebaut (darauf beim Kauf achten). Wie alle Pilze enthalten sie Eiweiß, gut 4 g pro hundert Gramm – das ist doppelt so viel wie bei Kartoffeln oder gar Jackfrucht.*

Zucchini-Stäbchen

Topinambur-Pommes
Limetten-
Tofunaise
Sellerie-Fritten

TOPINAMBUR-POMMES

Für 2 Personen

Zutaten

5 g getrocknete Steinpilze
½ TL getrockneter Thymian
1 TL grobes Meersalz
3 EL Olivenöl
400 g Topinambur

So geht's

1 Die Pilze mit Thymian und Salz in einen Blitzhacker geben und fein zerkleinern. Mit dem Olivenöl verrühren.

2 Den Backofen auf 200 °C (175 °C Umluft) vorheizen. Die Topinambur schälen, waschen, gut trocken tupfen und in Pommes-artige Stifte schneiden. Mit dem Würzöl vermischen, so dass alle Stifte gleichmäßig damit überzogen sind.

3 Die Topinambur-Pommes auf einem mit Backpapier ausgelegten Backblech gleichmäßig ausbreiten und im heißen Ofen ca. 15 Minuten backen. Dann den Backofengrill zuschalten, das Blech auf die zweite Schiene von oben schieben und die Pommes in weiteren 5–8 Minuten knusprig braten.

SAISON-VARIANTEN *Klappt auch gut mit Knollensellerie, Kürbis oder Pastinaken.*

ZUCCHINI-STÄBCHEN

Für 2 Personen

Zutaten

1 Zucchini (ca. 400 g)
1 leicht gehäufter TL Speisestärke
1 EL Olivenöl
1 EL kohlensäurehaltiges Mineralwasser
Salz - Pfeffer

So geht's

1 Den Backofen auf 250 °C (225 °C Umluft) vorheizen. Die Zucchini putzen, waschen, in Pommes-artige Stifte scheidenm gut trocken tupfen.

2 Die Stärke mit Öl und Mineralwasser glatt rühren. Mit Salz und Pfeffer kräftig würzen. Die Zucchini-Stifte untermischen und so darin wenden, dass sie alle dünn mit der Masse überzogen sind.

3 Die Zucchini-Stifte auf einem mit Backpapier ausgelegten Backblech ausbreiten und dann im heißen Ofen ca. 30 Minuten backen, bis sie knusprig sind.

EIN GUTER GRUND, TOFU ZU VERWENDEN: Egal ob Räucher-, Natur- oder Seidentofu: Das traditionelle asiatische Produkt aus der Sojabohne liefert eine gute Portion Eiweiß. Im Gegensatz zu vielen anderen Fleischalternativen handelt es sich dabei um ein relativ naturbelassenes Produkt, das eine gute Klimabilanz hat.

SELLERIE-FRITTEN

Für 2 Personen

Zutaten

300 g Knollensellerie
2 Zweige Thymian
1 EL Olivenöl
1 TL Zitronensaft
Salz · Pfeffer
grobes Salz zum Bestreuen

So geht's

Den Backofen auf 220 °C (200 °C Umluft) vorheizen. Den Sellerie schälen, waschen und in ca. 1 cm dicke Scheiben schneiden. Die Scheiben in ca. 1 cm breite und 7–8 cm lange Stifte schneiden. Die Stifte dicht an dicht auf einem mit Backpapier ausgelegten Blech verteilen.

1 Den Thymian waschen, trocken schütteln und die Blättchen von den Stielen streifen. Mit Öl, Zitronensaft, Salz und Pfeffer mischen. Das Öl über die Fritten träufeln, dann im heißen Ofen in 50–60 Minuten backen, dabei 2–3-mal wenden, so dass sie rundum knusprig werden. Sellerie-Fritten zum Schluss mit etwas grobem Salz bestreuen und servieren.

Darum: *Für eine gute Portion Eiweiß öfters mal zu Tofu (statt zu anderen, hoch verarbeiteten Fleischersatzprodukten) greifen. Am besten Bio-Qualität wählen, denn hierfür dürfen keine gentechnisch veränderten Sojabohnen verwendet werden.*

LIMETTEN-TOFUNAISE

Für 2 Personen

Zutaten

100 g Seidentofu
1 kleine Knoblauchzehe
1 TL Sonnenblumenöl
3 TL Limettensaft
Salz
Chiliflocken zum Bestreuen (nach Belieben)

So geht's

1 Den Seidentofu gut abtropfen lassen und in groben Stücken in einen Standmixer oder ein hohes Mixgefäß geben. Den Knoblauch schälen, grob würfeln und dazu geben.

2 Öl, Limettensaft und etwas Salz zum Tofu geben, alles erst auf niedriger Stufe, dann auf hoher Stufe cremig pürieren. Evtl. noch mit Salz und Limettensaft abschmecken und nach Wunsch mit ein paar Chiliflocken bestreuen.

TIPP *In einem Schraubglas oder einer Vorratsdose bleibt die Tofunaise einige Tage frisch. Sie schmeckt z.B. auch auf Sandwiches, zu Ofenkartoffeln oder Grillgemüse.*

CHILI-LINSEN-TACOS

Für 2-4 Personen

Zutaten

150 g braune Linsen
Salz
2 rote Spitzpaprika
2 mittelgroße Zwiebeln
1 Knoblauchzehe
3 EL Pflanzenöl
1 EL Tomatenmark
¼ TL getrockneter Oregano
½ TL gemahlener Kreuzkümmel
1 ½ TL Pimentón de la vera
¼ TL Chilipulver
Pfeffer
4 (Vollkorn-)Weizentortillas (Fertigprodukt zum Aufbacken)
3 Tomaten
6 Stängel Koriandergrün
1 reife Avocado

So geht's

1 Die Linsen in einem Sieb kalt abbrausen, mit 1,2 l Wasser in einen Topf geben und zugedeckt bei mittlerer Hitze ca. 30 Minuten garen – sie sollten am Ende gerade eben zu zerfallen beginnen. Gegen Ende der Garzeit salzen, anschließend in ein Sieb abgießen und abtropfen lassen, dabei das Kochwasser auffangen. Währenddessen die Paprika vierteln, putzen, waschen und die Viertel quer in 4–5 mm dicke Streifen schneiden. Zwiebel und Knoblauch schälen und klein würfeln.

2 Das Öl in einer Pfanne erhitzen, darin Zwiebeln und Knoblauch bei kleiner bis mittlerer Hitze goldgelb und weich dünsten. Die Hitze erhöhen, die Paprika zugeben und unter Rühren ca. 2 Minuten anbraten. Das Tomatenmark unterrühren und unter Rühren mitanrösten. Oregano und die Gewürze unterrühren und mit ca. 100 ml Linsenkochwasser ablöschen. Salzen, pfeffern und 4–5 Minuten zugedeckt köcheln lassen.

3 Anschließend die Linsen zugeben und gerade soviel Kochwasser zugießen, dass sie nicht anbrennen können, dann weitere 5–7 Minuten zugedeckt garen. Zwischendurch prüfen, ob noch genug Flüssigkeit in der Pfanne ist, ansonsten noch etwas Kochwasser nachgießen. Am Ende sollte eine sämige, nicht zu trockene Masse entstanden sein.

4 Währenddessen die Tortillafladen nach Packungsanweisung im Ofen aufbacken. Die Tomaten waschen, halbieren, die Kerne entfernen und das Fruchtfleisch würfeln. Das Koriandergrün waschen, trocken schütteln, die Blättchen abzupfen und grob hacken. Die Avocado halbieren, Kern und Schale entfernen und das Fruchtfleisch klein würfeln.

5 Die Linsenmasse auf den Tacos verteilen und mit Tomaten- und Avocadowürfeln sowie etwas Koriandergrün bestreuen. Nach Wunsch aufrollen und servieren.

Bohnen-Burger
Rote-Bete-Burger
BLT-Burger

BLT-BURGER

Für 4 Personen

Zutaten

FÜR DEN TEMPEH-BACON:
200 g Tempeh
5 EL Sojasauce
3 EL Weißweinessig
1 ½ EL Ahornsirup
½ TL gemahlener Kreuzkümmel
⅓ TL Pimentón de la vera

FÜR DIE PILZE:
250 g große Austernpilze
2 EL Dijon-Senf
4 EL Röstzwiebel (Fertigprodukt)
2 EL Paniermehl
4 EL vegane Mayonnaise (siehe Seite 77 oder Fertigprodukt)

AUSSERDEM:
4 (Vollkorn-)Hamburger-Brötchen
8 große Eisbergsalatblätter
2 Tomaten

So geht's

1 Den Tempeh in möglichst dünne Scheiben (2–3 mm schneiden), so dass er noch nicht bricht. Sojasauce, Essig, Ahornsirup, Kreuzkümmel und Pimentón de la vera in einer verschließbaren Gefrierbox (sie sollte möglichst gerade so groß sein, dass die Tempehscheiben aufrecht nebeneinander darinstehen) mischen. Knoblauch schälen und dazu pressen. Den Tempeh hineinstellen und die Box so schütteln, dass er gleichmäßig mit Marinade bedeckt ist. Die Box verschließen und den Tempeh im Kühlschrank 6–12 Stunden (über Nacht) marinieren.

2 Den Backofen auf 200 °C (Ober-/Unterhitze) vorheizen. Den Tempeh aus der Marinade nehmen, auf einem mit Backpapier ausgelegten Blech verteilen und mit etwas Marinade bepinseln. Im heißen Ofen (Mitte) ca. 15 Minuten garen, bis er knusprig braun ist, dabei einmal wenden. Gegen Ende gut darauf achten, denn er kann sehr leicht verbrennen.

3 Währenddessen die Brötchen aufschneiden. Die Salatblätter waschen, trocken tupfen und grob zerzupfen. Die Tomaten waschen und quer in Scheiben schneiden. Die Pilze putzen. Die glatten Seiten mit Senf bestreichen. Die Röstzwiebeln zerkrümeln und mit dem Paniermehl mischen. Die bestrichene Pilzseite in diese Mischung drücken und dann leicht festdrücken.

4 Ausreichend Öl in einer beschichteten Pfanne erhitzen. Die Pilze darin portionsweise von jeder Seite 3–4 Minuten braten. Auf Küchenpapier abtropfen lassen.

5 Den Tempeh aus dem Ofen nehmen und die Brötchen nach Packungsanweisung kurz im Ofen rösten. Die Brötchenböden auf der Schnittfläche mit veganer Mayonnaise bestreichen. Mit Salat, Pilzen, Tomaten und Tempeh-Bacon belegen. Die Brötchendeckel auflegen und heiß servieren.

EIN GUTER GRUND, PILZE ZU ESSEN: Im Gegensatz zu Gemüse enthalten Pilze einiges mehr an Eiweiß (durchschnittlich 3,3 Prozent, Steinpilze sogar 5,5 Prozent) und sind daher für Veganer eine gute pflanzliche Proteinquelle. Es macht also durchaus Sinn, Pilze, z.B. auch mal einen ganzen gebratenen Riesenchampignon als Burger-Ersatz, zu wählen – nicht zuletzt, weil sie in Optik und Mundgefühl entfernt an gegartes Fleisch erinnern. Im Gegensatz zu Fleisch sind sie cholesterinfrei sowie extrem fett- und kalorienarm, dafür jedoch reich an Vitaminen. Zuchtpilze werden in Deutschland meist umweltschonend (nahezu alle Edelpilze werden hierzulande ökologisch angebaut) produziert und haben kurze Transporte zum Verbraucher – ein Grund, öfters Pilze in die Pfanne zu legen.

ROTE-BETE-BURGER

Für 4 Pattys

Zutaten

- 6 EL geschrotete Leinsamen
- 700 g Rote-Bete-Knollen
- 150 Räuchertofu
- 120 g Haferflocken
- 3 TL Harissa
- Salz - Pfeffer
- 2-3 EL Öl

So geht's

1 2 EL Leinsamen mit 6 EL heißem Wasser verrühren und ca. 15 Minuten quellen lassen. Inzwischen die Rote Bete schälen (am besten Einweghandschuhe tragen) und auf einer Rohkostreibe grob raspeln. Den Räuchertofu fein raspeln.

2 Rote Bete, Räuchertofu, gequollenen Leinsamen, übrigen Leinsamen, Haferflocken, Harissa, Salz und Pfeffer in eine Schüssel geben und alles mit den Händen gut durchkneten. Die Masse zu 4 flachen Pattys formen.

3 Das Öl in einer beschichteten Pfanne erhitzen. Die Pattys hineingeben und bei nicht zu starker Hitze vom beiden Seiten jeweils 10 Minuten braten. Zum Schluss von jeder Seite nochmal bei starker Hitze 1–2 Minuten knusprig braten.

BOHNEN-BURGER

Für 4 Pattys

Zutaten

- 1 Dose Kidneybohnen (ca. 260 g Abtropfgewicht)
- 1 Bund glatte Petersilie
- 1 rote Zwiebel
- 1 Knoblauchzehe
- 50 g Haferflocken
- 2 TL mittelscharfer Senf
- 2 TL geräuchertes Paprikapulver
- Salz - Pfeffer
- 2 EL Öl

So geht's

1 Die Bohnen abgießen, kalt abspülen und gut abtropfen lassen. Die Petersilie waschen, trocken schütteln und die Blätter fein hacken. Zwiebel und den Knoblauch schälen und fein würfeln. Die Haferflocken im Blitzhacker fein mahlen. Die Bohnen mit Petersilie, Zwiebel, Knoblauch, Hafermehl, Senf, Paprikapulver, Salz und Pfeffer in eine Schüssel geben und mit den Händen kräftig verkneten. Die Masse ca. 1 Stunde zum Quellen stehen lassen.

2 Aus der Bohnenmasse 4 flache Pattys formen. Das Öl in einer beschichteten Pfanne erhitzen. Die Burger darin von beiden Seiten jeweils 3–4 Minuten knusprig braten. Nach Belieben mit Brötchen, Saucen und Salat zum Burger zusammenbauen oder solo mit Beilagen genießen.

PAPRIKA-FAJITAS

MIT MANDELCREMA

Für 4 Personen

Zutaten

FÜR DIE FAJITAS
3 Paprika (rot und gelb)
1 Knoblauchzehe
Pflanzenöl zum Braten
½ Bund Koriandergrün
1 EL Ahornsirup
½ TL gemahlener Kreuzkümmel
⅓ TL getrockneter Oregano
¾-1 TL Pimentón de la vera
3-4 Msp Chilipulver
Salz - Pfeffer
1 EL Weißweinessig
¼ (Vollkorn-)Weizentortillas (Fertigprodukt)

FÜR DIE CREMA:
3 EL weißes Mandelmus
5-7 EL Mandelsahne (Mandel Cuisine)
⅓ TL getrockneter Thymian
2-3 EL Zitronensaft
3 Msp. Pimentón de la vera
Salz - Pfeffer

So geht's

1 Paprika längs halbieren, putzen, waschen, dann längs in schmale Streifen schneiden. Den Knoblauch schälen und fein hacken. In einer beschichteten Pfanne ausreichend Öl stark erhitzen. Paprika darin anbraten, dabei zunächst nur ein- bis zweimal rühren, bis die Paprikastreifen an den Rändern leicht bräunen. Währenddessen Koriandergrün waschen, trocken schütteln, Blättchen abzupfen und grob hacken.

2 Die Hitze reduzieren, den Knoblauch zugeben und kurz mitdünsten. Den Ahornsirup unterrühren und alles unter Rühren 2–3 Minuten bei mittlerer Hitze braten. Mit Kreuzkümmel, Oregano, Pimentón de la vera, Chili, Salz und Pfeffer würzen und 4–5 EL Wasser zugeben. Zugedeckt dünsten, bis die Paprikaschoten weich sind, aber noch etwas Biss haben, gegebenenfalls nochmals wenig Wasser zugeben. Mit Essig ablöschen und offen nochmals 2–3 Minuten garen, bis der starke Essiggeschmack verflogen ist.

3 Inzwischen für die Crema das Mandelmus mit 4 EL Mandelsahne in ein hohes Mixgefäß geben. Den Thymian zwischen den Fingern zerreiben und Zitronensaft und Pimentón de la vera zugeben. Alles mit dem Stabmixer fein pürieren, dabei je nach gewünschter Konsistenz noch etwas Mandelsahne untermixen. Mit Salz und Pfeffer würzen.

4 Die Tortillafladen nach Packungsanleitung erwärmen. Die Paprika nochmals durchrühren und ein Großteil des Koriandergrüns unterheben, dann längs in einem Streifen auf den Fladen verteilen. Die Crema darauf geben und mit dem übrigem Koriandergrün bestreuen, dann die Fladen aufrollen oder zusammenklappen.

Sushirrito mit Möhren-
lachs und Sushi-Reis

SUSHI-REIS

Für 2 Personen

Zutaten

250 g Sushi-Reis
3 EL Reisessig
2 EL Zucker
1 TL Salz

So geht's

1 Den Reis in eine große Schüssel mit reichlich kaltem Wasser geben und vorsichtig mit den Händen durchrühren. Sobald das Wasser milchig-weiß ist, den Reis abgießen und wieder in die Schüssel geben, nochmals wässern. Diesen Vorgang 2 bis 3-mal wiederholen, bis das Wasser fast klar bleibt. Nach dem letzten Gang den Reis ca. 30 Minuten in Wasser quellen lassen.

2 Den Reis abgießen, dann mit 270 ml Wasser in einen Topf geben. Zugedeckt bei großer Hitze 1–2 Minuten aufkochen. Die Hitze reduzieren und bei möglichst kleiner Hitze zugedeckt 10 Minuten garen. Vom Herd nehmen und 10 Minuten offen kühlen lassen. Währenddessen Essig, Zucker und Salz unter Rühren erhitzen, bis sich Zucker und Salz vollständig aufgelöst haben.

3 Den Reis in eine möglichst weite, flache Schüssel geben und vorsichtig flach verteilen. Die Essigmischung über den handwarmen Reis träufeln. Mit einem Holzspatel oder Pfannenwender immer wieder vorsichtig, ohne den Reis zu drücken, diagonale Linien durch diesen ziehen, um den Essig zu verteilen. Vollständig abkühlen lassen und evtl. bis zum Verarbeiten ein feuchtes Geschirrtuch über die Schale mit dem Reis legen, damit er nicht austrocknet.

MÖHRENLACHS

Für 2 Personen

Zutaten

2 dicke Möhren (ca. 250 g)
15 g frischer Ingwer
150 ml Reisessig
2 EL Zucker
½ TL Salz

So geht's

1 Die Möhren putzen, schälen und anschließend mit dem Sparschäler in möglichst lange, gleichmäßige, dünne Streifen hobeln. Ingwer schälen und in dünne Scheiben schneiden. Mit dem Essig, Zucker und Salz in einem Topf unter Rühren erhitzen, bis sich der Zucker vollständig aufgelöst hat.

2 Die Möhren hineingeben und 30 Sekunden köcheln lassen. Dann vom Herd nehmen und samt Garsud in ein sauberes, verschließbares Glas füllen, dabei die Möhren gut in den Garsud drücken. An einem kühlen Ort mindestens 6 Stunden, besser 2–3 Tage durchziehen lassen. Ungeöffnet hält sich das Gemüse mehrere Wochen.

TIPP ***Der Möhrenlachs eignet sich auch prima als Pickles-Gemüse, dass man auf Brot, Bowls oder zu anderen Gerichten reichen kann.***

SUSHIRRITO

Für 4 Stück

Zutaten

200 g Räuchertofu
½ Bio-Salatgurke
1 reife Avocado
8 EL vegane Mayonnaise (siehe Seite 77 oder Fertigprodukt)
¾–1 TL Chilisauce (z.B. Sriracha)
100 g Wasabi-(Kicher-)Erbsen (Fertigprodukt)
4 Nori-Algenblätter
1 Portion Sushi-Reis (siehe Seite 88)
1 Portion Möhrenlachs (siehe Seite 88)

So geht's

1 Den Räuchertofu längs in ca. 5 mm dicke Streifen schneiden. Die Gurke waschen, längs halbieren und die Kerne mit einem Löffel herauskratzen. Das Fruchtfleisch anschließend längs in dünne Stifte schneiden. Die Avocado längs halbieren, Kern und Schale entfernen und das Fruchtfleisch längs in dünne Spalten schneiden. Die Mayonnaise mit der Chilisauce glatt verrühren. Die Wasabi-Erbsen im Blitzhacker grob zerkleinern (alternativ in einen Plastikgefrierbeutel geben, diesen verschließen und die Nüsse mit einem Teigroller zerbröseln).

2 Die Nori-Blätter mit der glatten Seite nach unten auf einer Sushirollmatte (alternativ ein sauberes zusammengefaltetes Geschirrtuch) auslegen. Je ein Viertel Sushi-Reis darauf verteilen. Mit 2 EL Mayonnaise bestreichen, dabei oben und unten jeweils 2 cm frei lassen.

3 Jeweils ein Viertel des gut abgetropften Möhrenlachses längs über die gesamte Breite des Blattes verteilen. Darauf jeweils ein Viertel des Tofu, der Avocado und der Gurkenstreifen verteilen. Die Wasabi-Kichererbsenbrösel längs darüber streuen. Das Nori-Blatt samt Belag vorsichtig mit Hilfe der Rollmatte von unten nach oben aufrollen und dabei zu einer schönen runden Rolle formen.

EIN GUTER GRUND, AB UND ZU ALGEN ZU ESSEN: Im Gegensatz zu anderen Ländern wie z.B. Japan spielen hierzulande Algen in der Küche kaum eine Rolle. Bestenfalls fünf Sorten sind in meist getrockneter Form im Handel zu finden: Nori, Kombu, Wakamé, Hijiki und Dulse. Dabei ist das „Gemüse des Meeres" reich an pflanzlichen Proteinen, fett- und kalorienarm und enthält wertvolle Omega-3-Fettsäuren, DHA (Docosahexaensäure) und EPA (Eicosapentaensäure), die ansonsten nicht in Pflanzen, sondern fast ausschließlich in fettreichen Fischsorten vorkommen und darum auf dem Speisezettel von Vegetariern und Veganern häufig völlig fehlen.

Darum: *Es lohnt sich, ab und zu Algen zu verwenden. Sie liefern nicht nur wertvolle Fettsäuren, sondern geben Speisen auch neue, interessante Geschmacksnoten. Allerdings enthalten sie auch viel Jod, das nicht im Übermaß verzehrt werden sollte (empfehlenswert für Erwachsene sind 180-200 Mikrogramm und nicht mehr als 500 Mikrogramm am Tag). Darauf sollte man bei der Verwendung achten. Den niedrigsten Jodgehalt haben Nori-Algen: 100 g enthalten 50 Mikrogramm Jod, so dass bereits ca. 2 Blätter (4 g) bereits ausreichend Jod liefern.*

SOMMERROLLEN

MIT ERDNUSS-DIP

Für 2 Personen

Zutaten

FÜR DEN DIP:
1 haselnussgroßes Stück Ingwer
50 g ungesüßtes Erdnussmus
50 ml Kokoswasser
1 EL Sojasauce
1 TL Ahornsirup
1–2 EL Limettensaft
Sambal Oelek (nach Belieben)

FÜR DIE SOMMERROLLEN:
8 Stängel Kräuter (Thai-Basilikum, Minze, Koriander – nach Belieben gemischt oder eines davon)
150 g Salatgurke
1 Möhre
2 Frühlingszwiebeln
25 g Baby-Spinat
100 g Natur-Tofu
10 runde Reispapierblätter (ca. 50 g; à ca. 15 cm Durchmesser; aus dem Asienladen oder gut sortierten Supermarkt)

So geht's

1 Für den Dip den Ingwer schälen und in Stücke schneiden. Mit Erdnussmus, Kokoswasser, Sojasauce, Ahornsirup und Limettensaft in ein hohes Mixgefäß geben und cremig pürieren. Nach Belieben mit etwas Sambal Oelek abschmecken, in 2 Schälchen füllen und beiseite stellen.

2 Für die Sommerrollen die Kräuter waschen, trocken schütteln und die Blätter von den Stielen zupfen. Die Gurke schälen, vierteln, die Kerne mit einem Löffel herauskratzen und in dünne Streifen schneiden. Die Möhre putzen, waschen und grob raspeln. Die Frühlingszwiebel putzen, waschen und in schmale Ringe schneiden. Den Spinat waschen und trocken schütteln. Den Tofu zwischen zwei Lagen Küchenpapier gut ausdrücken, dann in Stifte schneiden.

3 Eine flache Schale mit Wasser und ein sauberes Küchentuch bereit stellen. Nacheinander je 1 Reispapierblatt im Wasser einweichen, bis es weich und biegsam wird. Zum Abtropfen auf das Küchentuch legen. Ein paar Kräuter dekorativ auf dem Reispapier verteilen. Mit je einem Zehntel der übrigen vorbereiteten Zutaten belegen. Die Seiten des Papiers etwas über die Füllung schlagen, dann aufrollen. Aus den restlichen Zutaten auf die gleiche Weise 9 weitere Rollen zubereiten. Mit dem Erdnuss-Dip servieren.

SALATE, SUPPEN UND EINTÖPFE

CAESAR **SALAD**

MIT PILZEN

Für 2 Personen

Zutaten

FÜR DAS DRESSING:

80 g Cashewkerne (oder Cashewbruch)
½ Knoblauchzehe
3 getrocknete Tomaten (in Öl)
1 EL Hefeflocken
½ TL mittelscharfer Senf
1 EL Zitronensaft
2 EL Olivenöl
Salz · Pfeffer

FÜR DEN „PARMESAN":

50 g Cashewkerne (oder Cashewbruch)
½ Knoblauchzehe
1 EL Hefeflocken
Salz

FÜR DEN SALAT:

2 Mini-Romanasalate (ca. 350 g)
2 Tomaten
300 g Austernpilze
1 kleine Knoblauchzehe
4 EL Olivenöl zum Braten
Salz · Pfeffer

So geht's

1 Cashewkerne (oder den Nussbruch) mit kochend heißem Wasser übergießen, sodass sie gerade gut bedeckt sind, und für mindestens 2 Stunden (oder besser über Nacht) quellen lassen. Anschließend abgießen und kalt abbrausen. Den Knoblauch schälen und mit den eingelegten Tomaten grob hacken. Mit Hefeflocken, Senf, Zitronensaft und Öl in der Küchenmaschine möglichst fein pürieren, dabei gerade soviel Wasser zugeben (70–100 ml), bis ein cremiges, aber nicht zu flüssiges Dressing entstanden ist. Mit Salz und Pfeffer würzen.

2 Für den „Parmesan" den Knoblauch schälen, grob hacken und mit Cashewkernen, Hefeflocken und 2–3 Prisen Salz im Blitzhacker grob zu Krümeln zerhacken, evtl. nochmals nachsalzen.

3 Den Romanasalat putzen, in Blätter abteilen, waschen, quer in Streifen schneiden und trocken schleudern. Die Tomaten waschen und achteln, dabei den Stielansatz wegschneiden. Die Pilze putzen und in Streifen schneiden. Den Knoblauch schälen und fein hacken. Das Öl in einer beschichten Pfanne erhitzen. Pilze und Knoblauch zugeben und unter Rühren bei großer Hitze braten, bis sie bräunen und weicher werden. Salzen, pfeffern und vom Herd nehmen.

4 Den Salat mit den Tomaten auf Tellern anrichten, mit Pilzen belegen, Dressing darüber träufeln und alles mit „Parmesan" bestreuen".

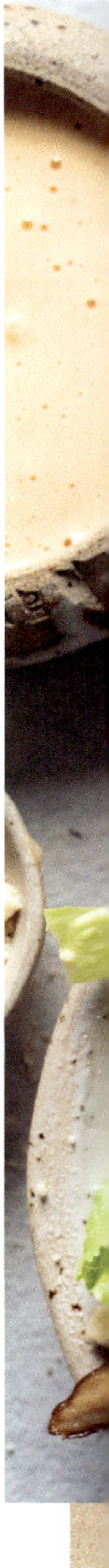

EIN GUTER GRUND, HEFEFLOCKEN AB UND AN ZU VERWENDEN:

Mit ihrem hefigen, käsigem Aroma sind Hefeflocken in der veganen Küche ein gängiges Mittel um „Käsegeschmack" in Speisen zu bringen. Sie werden aus Hefen, also Pilzen, gewonnen und sind daher rein pflanzlich. Durch schonendes Trocknen bleiben dabei wertvolle Vitamine – vor allem der B-Gruppe – weitgehend enthalten. Ein überaus gesundes Nahrungsmittel, wenn man es in Maßen verwendet, denn Hefe enthält reichlich natürliches Glutamat, einen Geschmacksverstärker, der bei manchen zu Unverträglichkeit führen kann.

Darum: *Beim Würzen mit Hefeflocken auf eventuelle Unverträglichkeiten achten und sie nicht im Übermaß verwenden.*

REISNUDEL-SALAT

MIT TOFU-HACK

Für 2 Personen

Zutaten

FÜR DEN SALAT:
120 g asiatische Reisnudeln
1 Möhre
1 gelbe Paprikaschote
1 Mini-Salatgurke
½ rote Zwiebel
½ Bund Koriandergrün
2 Stängel Minze

FÜR DAS DRESSING:
20 g frischer Ingwer
1 kleine rote Chilischote
1 TL Rohrohrzucker
Saft von 1 Limette
2 EL Sojasauce
Salz

FÜR DAS TOFU-HACK:
400 ml Gemüsebrühe
100 g feine Sojaschnetzel (Sojagranulat)
½ rote Zwiebel
1 Knoblauchzehe
50 geröstete, gesalzene Erdnüsse
3 EL Pflanzenöl zum Braten
1 TL Tomatenmark
3 EL Sojasauce
½ TL Chilisauce (z.B. Sriracha)
Salz · Pfeffer

So geht's

1 Die Reisnudeln nach Packungsanweisung garen, in ein Sieb gießen, kalt abbrausen und abtropfen lassen. Die Möhre schälen, putzen und in feine Streifen (Julienne) hobeln. Die Paprika vierteln, putzen, waschen und die Viertel quer in schmale Streifen schneiden. Die Gurke waschen, vierteln und die Viertel in kleine Stücke schneiden. Zwiebel schälen und längs in schmale Streifen schneiden. Die Kräuter waschen, trocken schütteln, Blättchen abzupfen und getrennt grob hacken.

2 Für das Dressing den Ingwer schälen und fein würfeln. Die Chilischote halbieren, putzen, waschen und sehr fein würfeln. Beides mit Rohrohrzucker, Limettensaft und Sojasauce verrühren, bis sich der Zucker vollständig gelöst hat und 10 Minuten ziehen lassen.

3 Für das Tofu-Hack 300 ml Gemüsebrühe in einem Topf aufkochen. Die Sojaschnetzel unterrühren und auf der ausgeschalteten Herdplatte zugedeckt ca. 10 Minuten quellen lassen.

4 Währenddessen die Zwiebel und den Knoblauch schälen und fein hacken. Die Erdnüsse im Blitzhacker grob zermahlen.

5 Das Öl in einer kleinen beschichteten Pfanne erhitzen und darin Zwiebel und Knoblauch langsam weich und goldgelb andünsten. Das Tomatenmark unterrühren, kurz mitrösten, dann die Sojaschnetzel zugeben. Mit Sojasauce ablöschen, dann die übrige Gemüsebrühe unterrühren. Unter Rühren 1–2 Minuten braten. Von den Erdnüssen 1 guten EL beiseite legen, den Rest mit Chilisauce unterrühren und mit Salz und Pfeffer abschmecken.

6 Nudeln, Gemüse, Zwiebel und Kräuter (etwa 1 EL davon beiseite legen) mischen und auf Schalen verteilen. Erst das Dressing, dann das warme Tofu-Hack darauf geben und mit den beiseitegelegten Kräutern und Erdnüssen bestreuen. Vor dem Essen alles untereinander mischen.

Dinkel-Brokkoli-Salat

Wurzelgemüse-Quinoa-Salat

Kunterbunter Brotsalat

DINKEL-BROKKOLI-SALAT

Für 2 Personen

Zutaten

100 g Dinkel wie Reis
1 kleiner Brokkoli (ca. 300 g)
1 Bund Radieschen
2 Frühlingszwiebeln
25 g Mandeln
2 EL Rosinen (nach Belieben)
1 EL (helle) Miso-Paste
2 EL Mandel- oder Cashewmus
Saft von ½ Orange
4 EL Zitronensaft
1 EL Sojasauce
¼ TL Chilisauce (z.B. Sriracha)
Salz - Pfeffer

So geht's

1 Den Dinkel wie Reis nach Packungsanleitung zubereiten, ausquellen und lauwarm abkühlen lassen. Währenddessen den Brokkoli putzen, waschen und den Stiel in ganz feine Stücke schneiden. Die Röschen zerteilen und portionsweise im Blitzhacker klein zerhacken oder alternativ mit dem Messer erst in dünne Scheiben und dann in kleine Stückchen schneiden. Radieschen samt Blättern waschen. Die Blätter abschneiden, die Stiele entfernen und eine gute Handvoll Blätter in Streifen schneiden. Die Radieschen putzen und in dünne Scheibchen schneiden. Die Frühlingszwiebeln putzen, waschen und mit dem Grün in feine Ringe schneiden. Die Mandeln (und evtl. Rosinen) grob hacken oder in Stifte schneiden.

2 Für das Dressing die Miso-Paste mit Mandel- oder Cashewmus und Orangensaft glatt verrühren, dann Zitronensaft, Soja- und Chilisauce unterrühren. Mit Salz und Pfeffer abschmecken. Den lauwarmen Dinkel und alle übrigen Zutaten mit dem Dressing mischen, mit Salz und Pfeffer würzen und ca. 10 Minuten ziehen lassen.

EIN GUTER GRUND, MISO IN DER KÜCHE ZU HABEN: In ihrem Herkunftsland Japan wird Miso-Paste aus fermentierten Sojabohnen viel, z.B. schon morgens in Brühe, gegessen. Wie alle Sojaprodukte enthält auch Miso reichlich Eiweiß, Vitamine und gesunde Bakterien, die Speisen bekömmlicher machen und Magen und Darm gesund halten. Das enthaltene natürliche Glutamat würzt intensiv und gibt Speisen den besonderen Umami-Kick. Miso gibt es in unterschiedlichen Sorten, deren Namenseinteilung für Nicht-Japaner nicht immer leicht nachzuvollziehen sind, denn diese richten sich teilweise nach den Getreiden, die zusammen mit den Sojabohnen angesetzt wurden, zum anderen nach der Farbe der Miso-Paste. Generell vereinfacht lässt sich sagen, helles Miso schmeckt milder, oft leicht süßlich, und je dunkler es ist (rötlich oder tiefbraun), desto kräftiger, malziger und salziger ist es in Aroma und Geschmack. Einsteiger können einmal mit Genmai-Miso (mit Reis angesetzt) starten, das kräftig, aber nicht zu extrem schmeckt.

WURZELGEMÜSE-QUINOA-SALAT

Für 2 Personen

Zutaten

80 g (bunte) Quinoa
Salz
4 EL Sonnenblumenkerne
1 dicke Möhre
1 kleine Pastinake
1 kleine Rote Bete (falls möglich mit Grün)
50 g gekeimte Mungbohnen (Baby-Mungbohnensprossen)
1 Bund Petersilie
125 g Brombeeren
3 EL Weißweinessig
1 TL Ahornsirup
5 EL Olivenöl
Pfeffer

So geht's

1 Die Quinoa in ein Sieb geben und mit heißem Wasser abbrausen, um die Bitterstoffe auszuwaschen. Anschließend abtropfen lassen und mit 160 <ml Wasser aufkochen. Leicht salzen und zugedeckt bei kleiner Hitze 15–20 Minuten garen, dann auf der ausgeschalteten Herdplatte noch ca. 10 Minuten ausquellen, anschließend offen vollständig auskühlen lassen.

2 Inzwischen die Sonnenblumenkerne in einer Pfanne ohne Fett rösten, dann abkühlen lassen. Möhre und Pastinake putzen, schälen und auf einer Rohkostreibe grob raspeln. Die Rote Bete waschen und das Grün abschneiden – falls vorhanden, schöne Blätter in feine Streifen schneiden, die Stiele wegschneiden. Die Knolle schälen und ebenfalls grob raspeln (dazu Gummihandschuhe tragen, denn sie färbt). Die Sprossen waschen und gut abtropfen lassen. Die Petersilie waschen, trocken schütteln, die Blättchen abzupfen und nur grob hacken. Die Brombeeren verlesen, waschen und abtropfen lassen.

3 Essig, Ahornsirup und Öl gründlich verrühren und kräftig salzen und pfeffern. Das Dressing mit allen übrigen Zutaten (samt Rote-Bete-Blättern) in einer Schüssel mischen und evtl. nochmals mit Salz und Pfeffer abschmecken.

KUNTERBUNTER BROTSALAT

Für 2 Personen

Zutaten

100 g altbackenes Baguette oder Flacenbrot (vom Vortag)
3 EL Pinienkerne
400 g (Fleisch-)Tomaten
1 rote Zwiebel
1 reifer, fester Pfirsich
100 g Johannisbeeren
1 Bund Rucola
1 Bund Basilikum
1 TL Ahornsirup
3 EL Rotweinessig
5 EL Olivenöl
Salz · Pfeffer

So geht's

1 Den Backofen auf 200 °C (Ober-/Unterhitze) vorheizen. Das Brot in 2–3 Würfel schneiden, auf ein mit Backpapier ausgelegtes Backblech legen und im heißen Ofen in 10–15 Minuten hellbraun knusprig rösten, herausnehmen und abkühlen lassen.

2 Währenddessen die Pinienkerne in einer Pfanne ohne Fett goldbraun rösten, dann abkühlen lassen. Die Tomaten waschen und in mundgerechte Stücke oder Würfel schneiden, dabei den Stielansatz entfernen und den Saft auffangen. Zwiebel schälen und grob würfeln. Den Pfirsich waschen, halbieren, den Stein entfernen und die Hälften in Würfel oder Spalten schneiden. Die Johannisbeeren waschen und die Beeren von den Rispen streifen. Rucola und Basilikum waschen und trocken schütteln. Vom Rucola die groben Stiele wegschneiden und vom Basilikum die Blättchen abzupfen. Beides grob zerzupfen.

3 Den aufgefangenen Tomatensaft, Ahornsirup, Essig und Öl gründlich verrühren und mit Salz und Pfeffer würzen. Alle Zutaten (ein paar Pinienkerne und etwas Basilikum beiseite legen) vorsichtig mit dem Dressing mischen, ca. 10 Minuten ziehen lassen, dann mit den übrigen Pinienkernen und dem übrigen Basilikum bestreuen.

EIN GUTER GRUND, IM SOMMER FRÜCHTE ZU ESSEN: Im Sommer haben Tomaten und viele Früchte Saison und werden auf Bauernmärkten aus regionalem Anbau angeboten. Dann heißt es zugreifen und die frischen Früchte genießen – oder sie selbst in wiederverwertbaren Gefrierboxen einzufrieren. Denn trotz aufgewendeter Energie für das Kühlgerät ist das ist CO_2 neutraler als der Transport frischer Früchte aus dem Ausland oder gar Übersee außerhalb der Saison.

ORIENTALISCHER BULGURSALAT

Für 2-4 Personen

Zutaten

175 ml Gemüsebrühe
200 g Bulgur
1 Dose Kichererbsen (ca. 260 g Abtropfgewicht)
1 Salatgurke
3 Frühlingszwiebeln
1 Bund Rucola
3 Stängel Minze
1 Bund Petersilie
80 g getrocknete Sauerkirschen
1 Orange
1 Zitrone
¾ TL gemahlener Kreuzkümmel
2 Msp. Chilipulver
⅓ TL gemahlener Zimt
Salz - Pfeffer
3 EL Olivenöl

So geht's

1 Die Brühe in einem Topf aufkochen lassen. Den Bulgur hineingeben und 1–2 Minuten kochen lassen, dann bei kleiner Hitze zugedeckt 20–25 Minuten garen. Anschließend auf der ausgeschalteten Herdplatte noch 5–10 Minuten nachquellen, dann abkühlen lassen.

2 Die Kichererbsen abgießen, kalt abbrausen und abtropfen lassen. Die Gurke schälen und in ca. 1 cm große Würfel schneiden. Die Frühlingszwiebeln putzen, waschen und mit dem Grün in nicht zu feine Ringe schneiden. Den Rucola waschen, trocken schütteln, grobe Stiele wegschneiden und die Blätter grob hacken. Die Kräuter waschen, trocken schütteln und nicht zu fein hacken. Die Kirschen evtl. etwas kleiner hacken.

3 Die Orange und Zitrone auspressen, mit Kreuzkümmel, Chili und Zimt verrühren, salzen, pfeffern, dann das Öl kräftig unterschlagen. Den abgekühlten Bulgur (er kann noch leicht lauwarm sein) mit dem Dressing mischen, dann die übrigen Zutaten unterheben. Möglichst noch 30 Minuten durchziehen lassen. Dann nochmals mit Salz, Pfeffer und evtl. mit etwas Zitronensaft abschmecken.

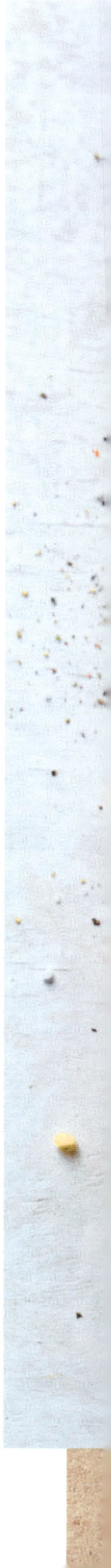

LINSEN-SALAT

MIT CASHEW-CREME

Für 2 Personen

Zutaten

FÜR DIE CASHEW-CREME
60 g Cashewkerne
25 g ungesüßter Sojadrink
1 TL Zitronensaft
abgeriebene Bio-Zitronenschale
1 Msp. Kreuzkümmel
1 Msp. edelsüßes Paprikapulver
Salz · Pfeffer

FÜR DEN SALAT
125 g Pardina-, Puy- oder Belugalinsen (Bioladen oder Feinkostgeschäft)
1 Lorbeerblatt
1 große Möhre
2 Stangen Staudensellerie
2 Frühlingszwiebeln
3 Stängel Petersilie
1 Mini-Romanasalat

FÜR DAS DRESSING:
1 EL Gemüsebrühe
1 EL mittelscharfer Senf
1 EL Weißweinessig
1 TL Ahornsirup
Salz · Pfeffer
1 EL Olivenöl

So geht's

1 Für die Cashew-Creme die Cashewkerne in einer kleinen Schüssel mit Wasser bedecken und mindestens 4 Stunden (am besten über Nacht) einweichen.

2 Für den Salat die Linsen mit kaltem Wasser abspülen und mit dem Lorbeerblatt in einem Topf mit ausreichend Wasser zugedeckt ca. 30 Minuten garen. Inzwischen die Möhre putzen, schälen und in kleine Würfel schneiden. Den Sellerie putzen, waschen und ebenfalls klein würfeln. Die Lauchzwiebeln putzen, waschen, den weißen Teil fein würfeln und den grünen Teil in schmale Ringe schneiden. Die Petersilie waschen, trocken schütteln, Blättchen abzupfen und grob hacken.

3 Für das Dressing die Brühe mit Senf, Essig, Ahornsirup, Salz und Pfeffer verrühren, dann das Öl kräftig unterschlagen. Evtl. nochmal abschmecken.

4 Die fertigen Linsen abgießen, gut abtropfen lassen und noch warm unter das Dressing mischen. Möhren, Sellerie, den weißen Teil der Lauchzwiebel und Petersilie zugeben und ebenfalls untermischen. Abgedeckt im Kühlschrank mindestens 30 Minuten ziehen lassen.

5 Inzwischen die Cashewkerne abgießen und abtropfen lassen. Mit allen übrigen Zutaten in einen leistungsstarken Standmixer geben und cremig pürieren. Evtl. die Masse zwischendurch mit einem Löffel nach unten schieben und erneut mixen. Mit Salz und Pfeffer würzen.

6 Vor dem Servieren den Salat putzen, die Blätter abteilen und waschen, dann in schmale Streifen schneiden. Zum Salat geben und untermischen. Die Cashew-Creme mit Hilfe von zwei Teelöffeln zu kleinen Nocken formen und auf den Salat geben. Den Salat mit dem Lauchzwiebelgrün bestreuen und servieren.

EIN GUTER GRUND, ZU CASHEWKERNEN ZU GREIFEN:

Die kleinen Kerne sind eine tolle Eiweiß- und Mineralstoffquelle, liefern außerdem gesunde Fettsäuren und B-Vitamine – ideal für die vegane Ernährung also. Leider kommen sie aus fernen Ländern, haben also auf Grund des langen Transportweges eine schlechtere Ökobilanz als heimische Kerne und Nüsse.

Darum: *Damit ihr sie trotzdem guten Gewissens genießen könnt, am besten in Maßen verzehren und auf Fairtrade- und Bio-Ware setzen. Die ist zwar teurer, garantiert aber bessere Bedingungen für die Menschen und die Umwelt in den fernen Anbauländern. Etwas preiswerter ist Cashewbruch, der perfekt ist, wenn die Kerne sowieso zerkleinert werden sollen.*

SÜSSKARTOFFEL-SALAT

MIT HUMMUS-DRESSING

Für 2 Personen

Zutaten

FÜR DEN SALAT:
400 g Süßkartoffeln
1 rote Zwiebel
2 gelbe Paprikaschoten
2 EL Olivenöl
Salz - Pfeffer
50 g Rucola

FÜR DAS DRESSING:
1 kleine Knoblauchzehe
50 g gegarte Kichererbsen (aus der Dose)
2 EL Olivenöl
1 EL Zitronensaft
gemahlener Kreuzkümmel (Kumin)
1 leicht gehäufter EL (25 g) Soja-Joghurt-alternative
Salz - Pfeffer

So geht's

1 Den Backofen auf 225 °C (Ober-Unterhitze) vorheizen. Die Süßkartoffeln schälen und in ca. 2 cm große Stücke schneiden. Die Zwiebel schälen und in schmale Spalten schneiden. Die Paprika halbieren, putzen, waschen und in Würfel schneiden. Alle vorbereiteten Zutaten mit dem Öl mischen, mit Salz und Pfeffer würzen und auf einem mit Backpapier ausgelegten Blech verteilen. Im heißen Ofen (Mitte) 25–30 Minuten rösten.

2 Inzwischen für das Dressing den Knoblauch schälen und halbieren. Mit Kichererbsen, Öl, Zitronensaft, 2 EL Wasser und Kreuzkümmel in ein hohes Mixgefäß oder einen Standmixer geben und cremig pürieren. Bei Bedarf noch etwas mehr Wasser untermixen. Die Soja-Joghurtalternative mit einem Löffel unterrühren. Mit Salz und Pfeffer abschmecken.

3 Das Gemüse aus dem Ofen nehmen. Den Rucola waschen, trocken schütteln und grobe Stiele entfernen. Das lauwarme Röstgemüse mit dem Rucola mischen. Das Dressing darüber träufeln und vorsichtig untermischen. Lauwarm servieren.

EIN GUTER GRUND, AB UND ZU SÜSSKARTOFFELN ZU GENIESSEN:

Süßkartoffeln stammen oft aus Übersee oder Israel, haben also einen langen Transportweg hinter sich und in der Regel eine Plastikverpackung. Ihre CO_2-Bilanz ist darum höher als die von Kartoffeln aus der Region. Sie sind allerdings mit vielen Nährstoffen wie Betacarotin, Vitamin E, Folsäure und Mineralien (Kalium, Kalzium, Eisen und Phosphor) gesunde Powerknollen, die Abwechslung auf den Tisch bringen.

Darum: *Unbedingt auf die Herkunft des Gemüses achten. Mittlerweile gibt es auch europäische Süßkartoffeln, die z.B. aus Italien, Spanien oder sogar Deutschland stammen. So lassen sich die bunten Knollen mit grünem Gewissen genießen.*

Rösttomaten-Suppe
Cremige Kürbissuppe
Grüne Erbsen-
Kokos-Suppe

CREMIGE KÜRBISSUPPE

Für 4 Personen

Zutaten

1 Hokkaido-Kürbis (ca. 1,3 kg)
1 Zwiebel
1 Knoblauchzehe
3 EL Rapsöl
Salz · Pfeffer
2 EL Kürbiskerne
2 Stängel Salbei
1 Dose Cannellinibohnen (ca. 225 g Abtropfgewicht)
1 l Gemüsebrühe
1 TL Ahornsirup
4 TL Kürbiskernöl

So geht's

1 Den Backofen auf 200 °C (Ober-/Unterhitze) vorheizen. Den Kürbis waschen, halbieren und die Kerne mit einem Löffel aus den Hälften kratzen. Die Hälften in ca. 5 cm große Stücke schneiden und mit den Schnittflächen nach oben auf ein mit Backpapier ausgelegtes Backblech legen. Zwiebel und Knoblauch schälen und zum Kürbis geben. 2 EL Öl Rapsöl mit Salz und Pfeffer würzen und über die Kürbisstücke träufeln. Im heißen Ofen ca. 30 Minuten garen, bis das Kürbisfleisch weich ist. Die letzten ca. 10 Minuten die Kürbiskerne separat auf das Blech geben und mitgaren.

2 Inzwischen den Salbei waschen, trocken schütteln und Blättchen von den Stielen zupfen. 1 EL Öl in einem Topf erhitzen und Salbeiblätter darin unter Wenden knusprig ausbacken. Herausnehmen und auf Küchenpapier abtropfen lassen (das Öl im Topf aufbewahren).

3 Den Kürbis aus dem Ofen nehmen und in den Topf mit dem Salbeiöl geben. Die Bohnen abgießen, kalt abspülen und abtropfen lassen. Zum Kürbis geben, die Brühe angießen und alles aufkochen. Alles ca. 5 Minuten köcheln lassen. Vom Herd nehmen und fein pürieren. Die Suppe mit Salz, Pfeffer und Ahornsirup abschmecken und in Suppentellern oder -schalen anrichten. Die gerösteten Kürbiskerne und Salbeiblätter darauf verteilen und mit je 1 TL Kürbiskernöl beträufeln. Sofort servieren.

EIN GUTER GRUND, DIREKT EINE GRÖSSERE MENGE ZU KOCHEN:
Die Suppe lässt sich prima auf Vorrat machen und ca. 3 Tage kalt stellen oder ca. 3 Monate einfrieren. Es lohnt sich daher, gleich etwas mehr zu kochen und so die Energie des Ofens voll auszunutzen. Deshalb werden auch die Kürbiskerne im Ofen und nicht extra in der Pfanne geröstet.

RÖSTTOMATEN-SUPPE

Für 4 Personen

Zutaten

2 kg Tomaten
4 Knoblauchzehen
je 3 Zweige Rosmarin und Thymian
4 EL Olivenöl
60 g Quinoa
Salz
100 g Cashewkerne
1,5 l Gemüsebrühe
Pfeffer
Basilikumblätter zum Garnieren

So geht's

1 Den Backofen auf 200 °C (Ober-/Unterhitze) vorheizen und ein Backblech mit Backpapier auslegen. Die Tomaten waschen, halbieren und auf dem Blech verteilen. Dabei an einer Seite etwas Platz lassen. Den Knoblauch ungeschält auf den Tomaten verteilen. Rosmarin und Thymian waschen, trocken schütteln und ebenfalls auf den

Tomaten verteilen. Mit 2 EL Öl beträufeln und im heißen Ofen ca. 30 Minuten backen.

2 Inzwischen die Quinoa in einem feinen Sieb unter kaltem Wasser gründlich abspülen. In einen kleinen Topf geben, mit Salzwasser bedecken, aufkochen und nach Packungsanweisung (ca. 15 Minuten) garen. Die Quinoa abgießen, gut abtropfen lassen und auf Küchenpapier ausbreiten. Mit Küchenpapier trocken tupfen. Die Quinoa mit dem übrigen Öl gut mischen. Nach Ablauf der Garzeit die Tomaten aus dem Ofen holen. Quinoa auf dem freien Platz auf dem Blech verteilen und möglichst flach streichen. Zurück in den heißen Ofen stellen und weitere 15 Minuten backen.

3 Die gerösteten Tomaten mit Cashewkernen und Brühe in einen Topf geben. Den Knoblauch aus den Schalen drücken und zugeben. Alles aufkochen, mit Salz und Pfeffer würzen und ca. 10 Minuten köcheln lassen. Dann in einen leistungsstarken Standmixer geben und cremig pürieren. Mit Salz und Pfeffer abschmecken. Die Suppe in Schälchen anrichten, mit den Basilikumblättern garnieren und kurz vor dem Servieren mit der Knusper-Quinoa bestreuen.

EIN GUTER GRUND, BEI KOKOSMILCH GENAUER HINZUSCHAUEN:

Kokosnüsse wachsen leider nicht bei uns um die Ecke. Das bedeutet, sie haben lange Transportwege hinter sich, bis sie bei uns im Laden stehen. Darüber hinaus werden Kokosnüsse oft auf nicht besonders klima- und umweltfreundliche Weise angebaut.

Darum: *Besser nur ab und zu verwenden und beim Kauf zu Produkten mit Bio- und Fairtrade-Siegel greifen. Die verkürzen zwar nicht den Transportweg, garantieren aber umweltverträglichere Anbau- und Verarbeitungsmethoden in den Herkunftsländern sowie bessere Bedingungen für die Anbauer.*

GRÜNE ERBSEN-KOKOS-SUPPE

Für 4 Personen

Zutaten

1 Dose Kokosmilch (400 g; ohne Verdickungsmittel)
2 Zwiebeln
1 EL Rapsöl
600 g TK-Erbsen
500 ml Gemüsebrühe
5 Stängel Koriander
Saft von 1 Zitrone
Salz - Pfeffer

So geht's

1 Die Kokosmilch über Nacht in den Kühlschrank stellen. Am nächsten Tag die Dose vorsichtig, ohne zu schütteln, öffnen. Den festgewordenen cremigen Teil abnehmen, in eine kleine Schüssel geben und abgedeckt kalt stellen. Den wässrigen Teil aufbewahren.

2 Die Zwiebeln schälen und klein würfeln. Das Öl in einem Topf erhitzen und die Zwiebeln darin unter Wenden andünsten. Die Erbsen zugeben, die Brühe und den wässrigen Teil der Kokosmilch angießen und alles aufkochen. Bei mittlerer Hitze ca. 10 Minuten köcheln lassen.

3 Inzwischen den Koriander waschen, trocken schütteln und samt feiner Stiele grob hacken.

4 Die Suppe fein pürieren. Mit etwas Zitronensaft, Salz und Pfeffer abschmecken. Die Kokoscreme glatt rühren, mit etwas Salz und Zitronensaft abschmecken. Suppe in Tellern anrichten. Je 1 Klecks Kokoscreme darauf geben und mit ein wenig Koriander bestreut servieren.

Linseneintopf mit Räuchertofu

Kartoffelsuppe mit Knusper-Kichererbsen

KARTOFFEL-SUPPE

MIT KNUSPER-KICHER-ERBSEN

Für 4 Personen

Zutaten

1 Dose Kichererbsen (ca. 260 g Abtropfgewicht)
3 EL Rapsöl
1 TL geräuchertes Paprikapulver
Salz
1 großes Bund Suppengrün
750 g mehligkochende Kartoffeln
3 Zweige Majoran
1 Lorbeerblatt
Pfeffer
50 ml Hafercreme Cuisine

So geht's

1 Den Backofen auf 225 °C (Ober-/Unterhitze) vorheizen. Die Kichererbsen abgießen, kalt abspülen, abtropfen und anschließend mit Küchenpapier sehr gut trocken tupfen. Mit 2 EL Öl, Paprikapulver und ca. ½ TL Salz mischen. Auf einem mit Backpapier ausgelegten Backblech ausbreiten und im heißen Ofen in 15–18 Minuten knusprig backen, dabei einmal gut durchrütteln.

2 Inzwischen das Suppengrün putzen und waschen. Das Gemüse in grobe Stücke schneiden. Die Kartoffeln schälen, waschen und grob würfeln. Den Majoran waschen. 1 EL Öl in einem Topf erhitzen und darin Suppengrün und Kartoffeln unter Wenden kurz andünsten. 1,25 l Wasser angießen, Majoran und Lorbeer zugeben, aufkochen und mit Salz und Pfeffer würzen. Zugedeckt bei mittlerer Hitze ca. 15 Minuten köcheln lassen.

3 Die Suppe vom Herd nehmen, Majoran und Lorbeer entfernen, und die Suppe fein pürieren. Am Ende die Hafercreme zugeben. Die Suppe mit Salz und Pfeffer abschmecken und in Suppentellern anrichten. Pro Portion ca. 1 EL Kichererbsen darauf geben. Die übrigen Kichererbsen extra dazu reichen.

LINSENEINTOPF

MIT RÄUCHERTOFU

Für 4 Portionen

Zutaten

1 Stange Lauch
6 Zweige Majoran
2 EL Rapsöl
250 g braune Tellerlinsen
1 TL geräuchertes Paprikapulver
250 g Möhren
400 g Steckrübe
100 g Räuchertofu
Salz - Pfeffer
1 EL Apfelessig
Zucker

So geht's

1 Lauch putzen, waschen und klein schneiden. Majoran waschen und trocken tupfen. 1 EL Öl in einem Topf erhitzen. Lauch und Linsen darin unter Wenden kurz andünsten und mit Paprikapulver bestäuben. Die Majoranzweige zugeben. 1,5 l Wasser angießen, aufkochen und alles ca. 45 Minuten köcheln lassen, bis die Linsen gar sind. Dabei öfters umrühren.

2 Inzwischen Möhren und Steckrübe putzen, schälen und klein würfeln. Nach ca. 15 Minuten Kochzeit zur Linsensuppe geben und mitkochen. Den Räuchertofu klein würfeln und etwa 8 Minuten vor Garzeitende zur Suppe geben.

3 Die Suppe mit Salz, Pfeffer, Essig, 1 Prise Zucker und evtl. noch etwas Paprikapulver abschmecken und servieren.

TOSKANISCHER BOHNENEINTOPF
RIBOLLITA

Für 2 Personen

Zutaten

350 g Schwarzkohl
1 Möhre
100 g Lauch
1 Stange Staudensellerie
1 Zwiebel
2 Knoblauchzehen
5 Zweige Thymian
5 EL Olivenöl
75 ml Weißwein (alternativ Gemüsebrühe)
Salz - Pfeffer
200 g stückige Tomaten (Tetrapak)
500 ml Gemüsebrühe
1 Dose Cannellini-Bohnen (ca. 225 g Abtropfgewicht)
4 Scheiben Vollkornbrot (evtl. vom Vortag)

So geht's

1 Den Schwarzkohl waschen, den Strunk und sehr dicke Stiele wegschneiden und die Blätter in ca. 1 cm breite Streifen schneiden. Möhre, Lauch und Staudensellerie putzen und waschen. Möhre und Sellerie klein würfeln, den Lauch erst längs in schmale Streifen, diese dann in kleine Stücke schneiden. Zwiebel und 1 Knoblauchzehe schälen und klein würfeln. Den Thymian waschen, trocken schütteln, die Blättchen abzupfen und grob hacken.

2 In einem Suppentopf 3 EL Olivenöl erhitzen, darin Möhre, Sellerie, Lauch, Zwiebel und Knoblauch andünsten, bis sie leicht bräunen. Dann den Weißwein und gut die Hälfte des Thymians unterrühren und bei mittlerer bis großer Hitze kochen lassen, bis fast alle Flüssigkeit verdunstet ist. Salzen und pfeffern. Mit Tomaten und Brühe ablöschen und den Schwarzkohl unterrühren. Zugedeckt bei kleiner Hitze ca. 40 Minuten garen.

3 Währenddessen die Bohnen in ein Sieb abgießen und dabei die Einlegeflüssigkeit auffangen. Die Bohnen in die Suppe geben und in 5–10 Minuten heiß werden lassen. Übrige Knoblauchzehe halbieren. Die Brotscheiben im Toaster braun rösten, herausnehmen und sofort mit der Knoblauchzehe abreiben. Die Brote in zwei Suppenteller legen.

4 Eine gute Schöpfkelle Suppe abnehmen und mit dem Stabmixer fein pürieren, dann wieder unter die Suppe mischen. Sollte sie sehr dickflüssig sein, etwas Bohnenwasser zugeben und heiß werden lassen. Den übrigen Thymian unterrühren und mit Salz und Pfeffer abschmecken. Die Suppe über die Brotscheiben geben, mit übrigem Olivenöl beträufeln und servieren.

SUMO-EINTOPF

Für 2 Personen

Zutaten

60 g Lauch
2 Baby-Pak-Choi
5 Shiitake
80 g Zuckerschoten
100 g Mungbohnensprossen
1 kleine Dose Mais (ca. 140 g Abtropfgewicht)
2 Frühlingszwiebeln
200 g Natur-Tofu
Öl zum Frittieren
100 g Speisestärke
750 ml Gemüsebrühe
3 EL Sojasauce
1 EL Instant-Wakame-Algen
3 EL (dunkle) Miso-Paste
1 EL Sesam

So geht's

Den Lauch putzen, längs vierteln, waschen und längs in 5 mm breite Streifen schneiden. Den Pak Choi putzen, waschen, die Blätter von den Stielen trennen und die weißen Stiele in 1 cm breite Streifen, die Blätter in 2 cm große Stücke schneiden. Die Pilze putzen, die Stiele entfernen und die Hüte in 4 mm breite Scheiben schneiden. Zuckerschoten putzen, waschen und schräg in ca. 2 cm große Stücke schneiden. Die Sprossen in ein Sieb geben, gründlich mit Wasser abbrausen und abtropfen lassen. Den Mais abgießen, kalt abbrausen und abtropfen lassen. Die Frühlingszwiebeln waschen, trocken schütteln und mit dem Grün in feine Ringe schneiden.

1 Den Tofu gut zwischen Küchenpapier ausdrücken und in ca. 1 cm große Würfel schneiden. Reichlich Öl in einem Topf erhitzen – es ist heiß genug, wenn an einem hölzernen Kochlöffelstiel, den man hineinhält, kleine Bläschen sprudelnd aufsteigen. Währenddessen die Tofuwürfel in der Stärke wenden, dabei überschüssige Stärke abschütteln. Die panierten Würfel portionsweise im heißen Öl in 2–3 Minuten knusprig braun frittieren, herausnehmen und auf Küchenpapier abtropfen lassen.

2 Inzwischen die Brühe erhitzen und mit Sojasauce würzen. Das gesamte Gemüse bis auf die Frühlingszwiebeln, Sprossen und die grünen Pak-Choi-Blätter hineingeben und bei kleiner Hitze zugedeckt 2–3 Minuten garen. Wakame-Algen, Sprossen und Pak-Choi-Blätter zugeben und nochmals 2 Minuten garen. Einen Schöpflöffel Brühe abnehmen. die Miso-Paste hineingeben und gründlich damit verrühren. Dann die Misobrühe zurück in den Topf geben und gut durchrühren. Den Tofu in die Suppe geben und diese auf Schalen verteilen. Alles mit Sesam und Frühlingszwiebeln bestreuen und servieren.

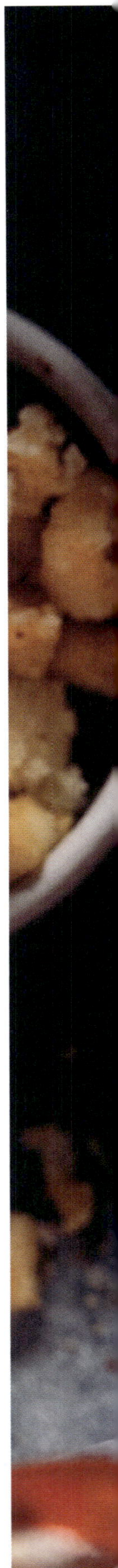

EIN GUTER GRUND, ES KEIMEN ZU LASSEN: Kresse und Sojabohnensprossen, die eigentlich aus Mungbohnen gezogen werden, kennen die Meisten. Es lohnt sich aber, auch andere Keimlingen von Saaten, Getreide, Hülsenfrüchten oder Gemüsen kennen zu lernen – oder sie sogar in einer Keimbox auf der eigenen Fensterbank zu ziehen. Funktioniert rund ums Jahr, auch in den Jahreszeiten, in denen wenig regionales Gemüse im Angebot ist. Und nicht nur das: Durch das Keimen vollziehen sich Stoffwechselprozessse innerhalb der Pflanze, die den Gehalt der Nährstoffe extrem steigern.

Darum: *Vor allem in den Jahreszeiten mit wenig heimischem Gemüse auf selbstgezogene Sprossen oder Sprossen aus regionaler Herkunft zurückgreifen. Schon kleine Mengen liefern viele wertvolle Nährstoffe, Vitamine und Spurenelemente. Allerdings sollte man darauf achten, sie nicht zu lange zu lagern und sie vor dem Verzehr erhitzen (für Rohkost mindestens 2 Minuten in 70 °C heißem Wasser ziehen lassen), da sich schnell Bakterien und Keime darauf ansiedeln.*

HAUPT-
GERICHTE

EIN GUTER GRUND, DAS GEMÜSE JE NACH SAISON ZU WÄHLEN:

In Sachen ökologischer Fußabdruck hat Gemüse aus der Region wegen kurzer Transportwege ganz klar die Nase vorn. Wer aus der Region kauft, bekommt außerdem die Gemüsesorten, die gerade Saison haben: Kohl, Steckrüben, Pastinaken und mehr in Herbst und Winter, Spargel, jungen Spinat, Zucchini und mehr im Frühling und im Sommer. Dann ha¬ben die frisch geernteten Schätze auch das beste Aroma und den höchsten Gehalt an Nährstoffen.

Darum: Bowls sind ganz besonders gut dazu geeignet, die Produkte zu verwenden, die gerade vor der eigenen Haustür geerntet werden. Im Sommer schmeckt die Winter-Bowl statt mit Kohl z.B. mit Paprika, Zucchini oder Auberginen. Evtl. die Garzeit im Ofen etwas anpassen. Die Sommer-Bowl lässt sich genau so auf Winter trimmen. So entstehen immer wieder neue Lieblingsrezepte der Saison.

SOMMER-BOWL

Für 2 Personen

Zutaten

1 Zucchini
Salz
200 g Kirschtomaten
½ Bund Basilikum
3 EL Olivenöl
1 Dose weiße Bohnen (ca. 250 g Abtropfgewicht)
1 Knoblauchzehe
4 Zweige Thymian
Pfeffer
2 EL Basilikum-Pesto (Glas)
3-4 TL Zitronensaft
50 g Rauchmandeln

So geht's

1 Die Zucchini putzen, waschen und mit einem Spiralizer in „Spaghetti" oder einem Sparschäler in dünne „Tagliatelle" schneiden. Mit etwas Salz bestreuen und kurz ziehen lassen.

2 Inzwischen die Tomaten waschen, trocken tupfen und halbieren. Das Basilikum waschen, trocken schütteln und die Blättchen abzupfen.

3 1 EL Öl in einer weiten Pfanne erhitzen. Die Zoodles darin unter Wenden 4–5 Minuten braten. Auf zwei Bowls verteilen. Die Pfanne spülen.Die Bohnen abgießen, kalt abspülen und gut abtropfen lassen. Den Knoblauch schälen und fein hacken. Thymian waschen, trocken schütteln und Blättchen von den Stielen zupfen. 1 EL Öl in der Pfanne erhitzen. Die Bohnen darin mit Knoblauch und Thymian ca. 5 Minuten unter Wenden braten, mit Salz und Pfeffer würzen.

4 Für das Dressing 1 EL Öl mit Pesto und Zitronensaft verrühren und mit Salz und Pfeffer abschmecken. Die Mandeln grob hacken.

5 Die Bohnen, die Tomaten und das Basilikum auf die Bowls verteilen. Mit dem Dressing beträufeln und mit den gehackten Mandeln bestreuen.

WINTER-BOWL

Für 2 Personen

Zutaten

1 Dose Kichererbsen (ca. 260 g Abtropfgewicht)
400 g Kartoffeln
300 g Rosenkohl
4 EL Rapsöl
¼ TL Chiliflocken (Pul Biber)
¼ TL gemahlener Kreuzkümmel
1 Msp. gemahlener Zimt
Salz
300 g Rotkohl
4 EL Tahin (Sesammus)
2-3 TL Zitronensaft
Pfeffer
3 EL Granatapfelkerne

So geht's

Den Backofen auf 200 °C (Ober-/Unterhitze) vorheizen. Die Kichererbsen abgießen, kalt abspülen, abtropfen lassen und sehr gut trocken tupfen. Die Kartoffeln schälen und in 1–2 cm breite Spalten schneiden. Den Rosenkohl putzen, waschen und die Röschen jeweils halbieren.

1 Das Öl mit Chiliflocken, Kreuzkümmel, Zimt und Salz verrühren. Kichererbsen, Kartoffeln und Rosenkohl getrennt auf ein mit Backpapier ausgelegtes Backblech legen. Alles mit dem Würzöl beträufeln. Im heißen Ofen 25–30 Minuten backen.

2 Inzwischen den Rotkohl waschen und sehr fein hobeln. Für das Dressing Tahin mit 4–5 EL Wasser und Zitronensaft glatt rühren. Mit Salz und Pfeffer abschmecken.

3 Kichererbsen, Kartoffeln, Rosenkohl und Rotkohlstreifen auf zwei Bowls verteilen. Mit Granatapfelkernen bestreuen und noch warm mit der Sesamsauce servieren.

GRÜNKOHL-CURRY

MIT KICHERERBSEN-TOFU

Für 2 Personen

Zutaten

FÜR DEN KICHERERBSEN-TOFU:
1 kleine Knoblauchzehe
150 g Kokos-Joghurtalternative
Pflanzenöl zum Braten
¼ TL gemahlene Kurkuma
⅓ TL gemahlener Kreuzkümmel
2-3 Msp. Chilipulver · Salz
125 g Kichererbsenmehl
Salz

FÜR DAS CURRY:
400 g Grünkohlblätter
1 große Zwiebel
1 Knoblauchzehe
15 g frischer Ingwer
3 Tomaten
3 EL Kokos- oder Pflanzenöl
¼ TL Kreuzkümmelsamen
¾ - 1 ¼ TL Currypulver
Salz · Pfeffer
250 ml Kokosmilch (Tetrapak)

So geht's

1 Für den Kichererbsen-Tofu die Knoblauchzehe schälen und zur Kokos-Joghurtalternative in eine Schüssel pressen. 2 EL Öl, 75 ml Wasser und die Gewürze zugeben und alles mit dem Schneebesen verquirlen. Dann das Kichererbsenmehl zugeben und alles gründlich zu einem glatten Teig verrühren, salzen.

2 In einer kleinen beschichteten Pfanne 3 EL Öl erhitzen. Teig hineingießen und bei mittlerer Hitze unter ständigem Rühren garen. Solange weiterrühren, bis sich der Teig als fester Kloß vom Topfboden löst und schön glänzt. In eine rechteckige Form (ca. 17 x 10 cm) geben, kurz abkühlen lassen, dann glatt in die Form drücken. Vollständig abkühlen und anschließend abgedeckt im Kühlschrank 3 Stunden ziehen lassen.

3 Für das Curry die Grünkohblätter waschen, trocken schütteln, dabei grobe Stiele wegschneiden. Die Blätter bündelweise in 2 cm breite Streifen schneiden. Zwiebeln, Knoblauch und Ingwer schälen und getrennt fein würfeln. Die Tomaten waschen und klein würfeln, dabei den Stielansatz entfernen und den Saft auffangen.

4 Das Öl in einem Topf erhitzen und darin die Zwiebel langsam bei mittlerer Hitze weich dünsten, bis sie zu bräunen beginnt. Kreuzkümmel, Ingwer und Knoblauch zugeben und weiter 3-4 Minuten braten. Das Currypulver einrühren, kurz anrösten, dann die Tomaten samt Saft zugeben. Unter Rühren weitergaren, bis die Flüssigkeit verdampft und die Tomatenmasse dunkler wird. Den Grünkohl unterrühren, kurz andünsten, salzen, pfeffern und mit der Kokosmilch ablöschen. Zugedeckt ca. 30 Minuten bei mittlerer Hitze garen, dabei ab und zu umrühren und falls nötig etwas Wasser zugießen.

5 Den Kichererbsentofu auf ein Schneidebrett stürzen und die weiche Masse vorsichtig in größere Würfel oder Streifen schneiden. In einer beschichteten Pfanne reichlich Öl erhitzen und den Tofu darin rundherum knusprig braun braten. Herausnehmen und mit dem Curry servieren.

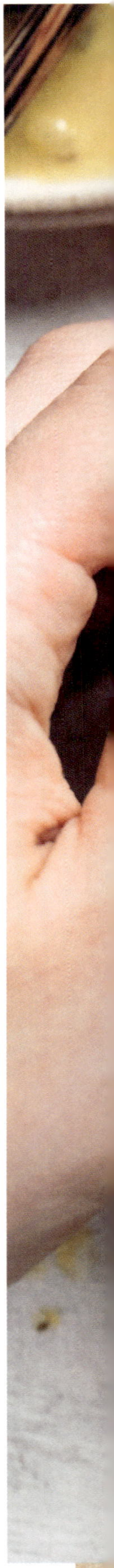

EIN GUTER GRUND, REICHLICH (GRÜN-)KOHL ZU ESSEN:

Grünkohl und seine direkten Verwandten sind besonders nährstoffreich und strotzen nur so vor Vitaminen und pflanzlichen Sekundärstoffen. Sie und einige andere (dunkel-)grüne Gemüsesorten wie Brokkoli, Rosenkohl und Spinat sind besonders eiweißhaltig und sollten daher ruhig öfter auf einem veganen Speiseplan stehen, besonders im Winter, da sie dann immer noch regional geerntet werden können und damit besonders klimafreundlich sind. Ideal sind sie wie in dieser Verbindung mit eiweißreichen Bohnen, Olivenöl und Vollkorn in Form von Brot.

BLUMENKOHL-MANDEL-KORMA

Für 4 Personen

Zutaten

40 g geschälte Mandeln
1 kleiner Blumenkohl
2 große dicke Möhren
Pflanzenöl zum Braten
100 g TK-Erbsen
100 g TK-Grüne-Bohnen
Salz
2 Zwiebeln
2 Knoblauchzehen
15 g frischer Ingwer
4 EL Mandelblättchen
200 g stückige Tomaten (Tetrapak)
2-3 EL indische Korma-Paste (aus dem Glas)
200 ml Mandelsahne (Mandel Cuisine)
½ Bund Koriandergrün

So geht's

1 Mandeln mit kochendem heißem Wasser übergießen, 3–4 Stunden zugedeckt quellen lassen (oder über Nacht in kaltes Wasser einlegen).

2 Den Blumenkohl putzen, waschen und in einzelne Röschen zerteilen. Möhre putzen, schälen und längs vierteln. Die Viertel in etwa 1 cm große Stücke schneiden. In einer beschichteten Pfanne ausreichend Öl erhitzen, darin Blumenkohl und Möhre bei großer Hitze anbraten, bis sie leicht bräunen. Mit 150 ml Wasser ablöschen und gefrorene Erbsen und Bohnen zugeben, leicht salzen und zugedeckt 15–20 Minuten bei kleiner bis mittlerer Hitze garen, sodass sie nicht zu weich werden. Vom Herd nehmen.

3 Währenddessen Zwiebeln, Knoblauch und Ingwer schälen und getrennt klein würfeln. Die Mandelblättchen in einem Topf ohne Fett goldbraun rösten, und herausnehmen. Dann 3–4 EL Öl im Topf erhitzen, die Zwiebeln darin bei kleiner bis mittlerer Hitze langsam schmoren, bis sie weich und etwas gebräunt sind. Knoblauch und Ingwer zugeben und 2–3 Minuten bei mittlerer Hitze mitbraten, dann vom Herd nehmen.

4 Die Mandeln abgießen und kalt abbrausen. Mit der Zwiebelmasse und den Tomaten möglichst fein pürieren. Falls nötig, ein paar Löffel Wasser zugeben. 2 EL Öl in den Topf geben, die Korma-Paste zugeben und unter Rühren kurz anrösten, dann die Mandelmasse zugeben und alles bei mittlerer Hitze unter Rühren braten, bis fast alle Flüssigkeit verdampft ist, und die Masse dunkler wird. Mandelsahne, Kochwasser vom Gemüse und 150 ml Wasser unterrühren, salzen und alles 15 Minuten offen bei kleiner Hitze etwas einköcheln lassen, dabei gelegentlich umrühren und falls nötig noch ein wenig Wasser zugeben.

5 Gemüse in die Sauce geben und alles bei kleiner Hitze zugedeckt ca. 5 Minuten garen. Inzwischen das Koriandergrün waschen, trocken schütteln, Blättchen abzupfen und grob hacken. Fertiges Korma mit Mandelblättchen und Koriandergrün bestreuen. Mit Reis servieren.

EIN GUTER GRUND, MANDELN ZU ESSEN: Mandeln enthalten neben jeder Menge gesundem Fett (50 Prozent) mit reichlich Omega-3- und Omega-6-Fettsäuren) auch gute 20 Prozent Eiweiß und sind damit für Veganer perfekt. Allerdings stammen rund 80 Prozent der weltweit angebauten Mandeln aus den USA und müssen daher importiert werden. Darüber hinaus wird für den Mandelanbau – egal ob konventionell oder bio – extrem viel Wasser benötigt: rund 10.000 Liter Wasser für 1 Kilo kalifornische Mandeln – das belastet den niedrigen Grundwasserspiegel außerordentlich.

Darum: *Mandeln bewusst und nicht zu häufig essen. Eine Handvoll (ca. 25 g) pro Tag sind ausreichend – oder sich einmal ein richtiges Mandelfest wie bei diesem Gericht leisten und dafür auf den Mandeldrink im Kaffee verzichten – hier gibt es genügend andere Alternativen (siehe Seite 37).*

LINSEN-HACKBÄLLCHEN

IN TOMATENSUGO

Für 2 Personen

Zutaten

FÜR DIE HACKBÄLLCHEN:

100 g Linsen (alternativ 250 g Linsen aus der Dose oder vakuumverpackt)
(Rauch)Salz
1 EL Leinsamenmehl
1 Zwiebel
1 Knoblauchzehe
3 Zweige Thymian
2 EL Olivenöl
2 EL Tomatenmark
5 EL Zartblatt-Haferflocken
1 EL Hefeflocken
½ TL getrockneter Oregano
3 Msp. Chilipulver
3 EL gehackte Petersilie
Pfeffer

FÜR DEN SUGO:

1 Knoblauchzehe
1 Zweig Thymian
3 EL Olivenöl
2 Dosen stückige Tomaten (ca. 250 g Abtropfgewicht)
Salz - Pfeffer
1 EL Kapern
Zucker

So geht's

1 Die Linsen in einem Topf mit ca. 1 l Wasser bei mittlerer Hitze zugedeckt 25–30 Minuten garen, bis sie weich sind, aber möglichst noch nicht stark zerfallen, dabei gegen Garzeitende salzen. Dann die Linsen abgießen, abtropfen und mindestens lauwarm abkühlen lassen.

2 Währenddessen das Leinsamenmehl gründlich mit ca. 5 EL kaltem Wasser zu einem „Leinsamenei“ (siehe Seite 48) verrühren und etwa 10 Minuten quellen lassen. Währenddessen Zwiebel und Knoblauch schälen und fein würfeln. Den Thymian waschen, trocken schütteln, Blättchen abzupfen und fein hacken. Das Öl in einer Pfanne erhitzen, darin Zwiebel und Knoblauch bei mittlerer Hitze goldgelb und weich dünsten. Den Thymian unterrühren und ca. 2 Minuten mitdünsten.

3 Den Backofen auf 200 °C (Ober-/Unterhitze) vorheizen. Die Zwiebelmasse mit Linsen, Tomatenmark, Hafer- und Hefeflocken, Oregano und Chili mit dem Stabmixer oder in der Küchenmaschine nicht zu fein pürieren. Die Petersilie unterrühren und mit (Rauch-)Salz und Pfeffer würzen. Die Masse ca. 20 Minuten quellen lassen. Dann in 12 gleich große Portionen teilen und daraus Bällchen formen. Auf ein mit Backpapier ausgelegtes Blech geben und die Bällchen im Ofen 20–25 Minuten garen, dabei zwischendurch ein- bis zweimal wenden.

4 Währenddessen für den Sugo den Knoblauch schälen und fein hacken. Den Thymian waschen, trocken schütteln, Blättchen abzupfen und ebenfalls klein hacken. Das Öl in einem Topf erhitzen und darin den Knoblauch andünsten. Thymian und Tomaten zugeben, salzen, pfeffern und offen bei kleiner bis mittlerer Hitze ca. 20 Minuten leicht einköcheln lassen. Inzwischen die Kapern grob hacken. Den Sugo zum Ende der Garzeit mit Zucker abschmecken.

5 Die Linsenbällchen mit den Kapern in die Tomatensauce geben und kurz darin ziehen lassen. Dann mit (Vollkorn-)Baguette, Nudeln, Reis oder Getreide servieren.

BROKKOLI-ERBSEN-
NUDELAUFLAUF

Für 2 Personen

Zutaten

250 g Brokkoli
150 g kurze Vollkornnudeln
Salz
100 g TK-Erbsen
1 Dose weiße Bohnen (ca. 250 g Abtropfgewicht)
1 kleine Zwiebel
1 Knoblauchzehe
1 EL Rapsöl
75 ml ungesüßter Sojadrink
1-2 TL Hefeflocken
1 TL Zitronensaft
1 TL Senf
frisch geriebene Muskatnuss
Pfeffer
1 EL Speisestärke
2 EL Semmelbrösel
2 TL Thymianblättchen
1 EL gehackte Haselnusskerne
2 EL Olivenöl

So geht's

1 Den Brokkoli putzen, waschen und in kleine Röschen teilen. Den Strunk schälen und in kleine Würfel schneiden. Die Nudeln nach Packungsanweisung in Salzwasser garen, dabei ca. 6 Minuten vor Ende der Garzeit die Brokkoliröschen und -würfel und ca. 3 Minuten davor die Erbsen zugeben.

2 Inzwischen die Bohnen abgießen, kalt abspülen und gut abtropfen lassen. Die Zwiebel und den Knoblauch schälen und fein würfeln. Das Öl in einem Topf erhitzen. Die Zwiebel darin glasig andünsten und am Ende den Knoblauch zugeben. Die Hälfte der Bohnen zugeben und unter Wenden ca. 2 Minuten mitbraten. Vom Herd nehmen und in einen Standmixer geben.

3 Den Backofen auf 200 °C (Ober-/Unterhitze) vorheizen. Die Nudeln und das Gemüse abgießen, dabei ca. 150 ml Kochwasser auffangen. 150 ml Kochwasser mit Sojadrink, Hefeflocken, Zitronensaft, Senf, etwas Muskat, Salz und Pfeffer zu den Bohnen im Mixer geben und alles fein pürieren. Zurück in den Topf geben und aufkochen. Die Stärke mit etwas kaltem Wasser glatt rühren, in die Sauce rühren, erneut aufkochen und unter Rühren ca. 1 Minuten köcheln lassen, bis die Sauce andickt. Salzen, pfeffern und vom Herd nehmen.

4 Nudeln, Gemüse, übrige Bohnen und Sauce in einer Auflaufform mischen. Die Semmelbrösel mit Thymian, Haselnüssen und Öl mischen und auf dem Auflauf verteilen. Im heißen Ofen 25–30 Minuten backen.

EIN GUTER GRUND, ERBSEN ZU ESSEN: Wie alle anderen Hülsenfrüchte auch, sind Erbsen ein nachhaltiges Lebensmittel. Sie sind anspruchslos im Anbau, wachsen fast überall, binden Stickstoff aus der Luft, weswegen weniger oder kein Dünger gebraucht wird und erhalten den Boden gesund. Plus: Auch unreif und grün geerntet sind Erbsen eine gute Quelle für Pflanzenprotein.

Darum: *Erbsen sind eine gute Möglichkeit, vegane Gerichte auf umweltverträgliche Weise mit Eiweiß anzureichern. TK-Ware verbraucht durch das Kühlen natürlich mehr Energie als frische Ware. Da die Saison für heimische Erbsen jedoch sehr kurz ist und das Gemüse im Gegensatz zu exotischen Sorten eine sehr gute Klimabilanz hat, sind sie trotzdem eine gute Wahl – vor allem, wenn man sie in der Pappschachtel statt im Plastikbeutel kauft.*

Pasta mit schneller Harissasauce

Pasta mit cremiger Avocadosauce

Spaghetti „Carbonara“

PASTA
MIT CREMIGER AVOCADOSAUCE

Für 2 Personen

Zutaten

75 g TK-Erbsen
30 g Basilikum
25 g Mandelblättchen
1 kleine Knoblauchzehe
1 kleine reife Avocado (ca. 200 g)
Saft von 1 Zitrone
Salz - Pfeffer
200 g Nudeln nach Wahl
250 g Pilze (z. B. braune Champignons oder Austernpilze)
1 EL Olivenöl

So geht's

1 Die Erbsen in einer Schüssel mit kochendem Wasser übergießen und ca. 5 Minuten ziehen lassen. Basilikum waschen, trocken schütteln und Blättchen von den Stielen zupfen. Die Mandeln in einer Pfanne ohne Fett rösten, herausnehmen.

2 Den Knoblauch schälen und halbieren. Die Avocado halbieren, den Stein entfernen und das Fruchtfleisch mit einem Löffel aus der Schale lösen. Die Erbsen abgießen. Avocado, Erbsen, Basilikum, die Hälfte der Mandeln, Knoblauch und Zitronensaft in ein hohes Mixgefäß oder einen Standmixer geben und cremig pürieren. Mit Salz und Pfeffer abschmecken.

3 Die Nudeln in kochendem Salzwasser nach Packungsanweisung zubereiten. Inzwischen die Pilze putzen und klein schneiden. Das Öl in einer beschichteten Pfanne erhitzen und die Pilze darin unter Wenden ca. 5 Minuten kräftig anbraten. Mit Salz und Pfeffer würzen. Nudeln abgießen, mit der Avocadosauce mischen und auf Tellern anrichten. Die Pilze darauf geben und mit den übrigen Mandelblättchen bestreuen.

SPAGHETTI „CARBONARA"

Für 2 Personen

Zutaten

200 g Butternuss-Kürbis
25 g Cashewkerne
150 g Räuchertofu
1 EL Olivenöl
200 g Spaghetti
Salz
1 gestrichener TL Speisestärke
Kala Namak (siehe Seite 47)
Pfeffer
2 EL gehackte Petersilie

So geht's

1 Den Kürbis schälen und in ca. 3 cm große Würfel schneiden. Zusammen mit den Cashewkernen in einen Topf geben, mit 250 ml Wasser bedecken, aufkochen und bei mittlerer Hitze zugedeckt in ca. 15 Minuten gar kochen.

2 Inzwischen den Räuchertofu in sehr kleine Würfel schneiden. 1 EL Öl in einer beschichteten Pfanne erhitzen und den Tofu darin rundherum in ca. 10 Minuten knusprig braten.

3 Die Nudeln nach Packungsanweisung in Salzwasser garen. Inzwischen Kürbis, Cashewkerne und die verbliebene Flüssigkeit in einen leistungsstarken Standmixer geben und fein pürieren. Die Masse zurück in den Topf geben und erneut aufkochen. Stärke mit 1 EL kaltem Wasser anrühren, in die Sauce geben und unter Rühren ca. 1 Minute köcheln lassen, bis die Sauce andickt. Mit Kala Namak und Pfeffer abschmecken.

4 Die Nudel abgießen, tropfnass zurück in den Topf geben und die Sauce unterrühren. Nudeln anrichten, mit Räuchertofu und Petersilie bestreuen und servieren.

PASTA
MIT SCHNELLER HARISSASAUCE

Für 2 Personen

Zutaten

200 g Nudeln nach Wahl
Salz
1 EL Pinienkerne
1 Knoblauchzehe
100 g junger Spinat
5 TL Olivenöl
1 EL Harissa (nordafrikanische Würzpaste)
1–2 TL Saft und abgerieben Schale von ½ Bio-Zitrone
30 g entsteinte schwarze Oliven

So geht's

1 Die Nudeln nach Packungsanweisung in Salzwasser garen.

2 Inzwischen die Pinienkerne in einer Pfanne ohne Fett goldbraun rösten, herausnehmen. Den Knoblauch schälen und fein würfeln. Den Spinat verlesen, waschen und abtropfen lassen. 1 TL Öl in der Pfanne erhitzen und den Knoblauch darin kurz andünsten. Den Spinat zugeben und unter Wenden in 3–4 Minuten zusammenfallen lassen, dabei eventuell 1 EL Wasser zugeben. Den Spinat mit Salz würzen und zur Seite stellen.

3 4 TL Öl mit Harissa, Zitronensaft und -schale in einer Schüssel verrühren. Die Oliven in Ringe schneiden und das Würzöl mit dem Spinat unter die Sauce mischen. Die Nudeln abgießen, abtropfen lassen und ebenfalls unter die Sauce mischen. Mit Pinienkernen und „Parmesan“ (siehe Tipp) bestreut servieren.

SAISON-VARIANTEN: *Statt Spinat schmecken auch zarte Grünkohlblätter, Mangold, Feldsalat oder Rucola in der Sauce.*

TIPP *Zu diesem und auch vielen anderen Nudelgerichten schmeckt folgende vegane Parmesan-Alternative: dafür 50 g Mandelkerne ohne Haut, 30 g Pinienkerne, 25 g Hefeflocken und 1 TL Salz in einen Blitzhacker geben, fein zerkleinern und 1 TL Zitronensaft unterrühren. „Parmesan“ auf einem Tablett ausbreiten und 15 Minuten trocknen lassen. Dann in ein Schraubglas füllen und bis zum Gebrauch kalt stellen. So hält er sich ca. 10 Tage.*

EIN GUTER GRUND, DIE NEUE VIELFALT IM NUDELREGAL ZU NUTZEN: Nudeln aus Hülsenfruchtmehl sind mittlerweile nicht mehr nur im Bioladen, sondern auch in vielen Supermärkten zu finden. Sie überzeugen mit Extra-Eiweiß, B-Vitaminen, Mineralien, vielen Ballaststoffen und einem geringeren Anteil schnell verdaulicher Kohlenhydrate, perfekt für eine gesunde Ernährung. Zudem haben Linsen-, Erbsen- und andere Hülsenfruchtnudeln meist eine kürzere Kochzeit als normale Nudeln. Ebenfalls empfehlenswert für die vegane Ernährung: Vollkornnudeln – auch sie überzeugen mit einem Plus an Nährwerten gegenüber normalen Nudeln.

Darum: *Nudelgerichte so oft wie möglich mit Hülsenfrucht- oder Vollkornnudeln zubereiten und auf diese Weise besonders viele Nährstoffe genießen.*

LINSEN-PASTA

MIT GRÜNKOHL-PESTO

Für 2 Personen

Zutaten

FÜR DIE NUDELN:
60 g rote Linsen
Salz
250 g (Vollkorn-)Spaghetti
250 g Kirschtomaten

FÜR DAS PESTO:
60 g Walnusskerne
100 g Grünkohlblätter
Salz
1 Knoblauchzehe
½ Bio-Zitrone
100 ml Olivenöl
1–2 EL Hefeflocken (nach Belieben)
Pfeffer
2 Msp. Chiliflocken

So geht's

1 Für das Pesto die Walnüsse in einer Pfanne ohne Fett rösten bis sie duften und leicht bräunen, dann vom Herd nehmen, abkühlen lassen und anschließend grob hacken. Den Grünkohl waschen und die Blätter von den harten Stielen zupfen. Währenddessen Wasser in einem Topf aufkochen und salzen. Die Grünkohlblätter hineingeben und 1–3 Minuten garen. Abgießen, mit kaltem Wasser abschrecken, anschließend gut ausdrücken und grob hacken. Knoblauch schälen und grob hacken. Die Zitrone heiß waschen, abtrocknen, die Schale abreiben und den Saft auspressen. Kohl, Knoblauch, die Hälfte der Walnüsse, Zitronenschale und 2 EL Zitronensaft sowie das Öl dazugeben und alles pürieren. Die Hefeflocken nach Wunsch unterrühren und mit Salz, Pfeffer und Chili würzen.

2 Die Linsen in ein Sieb geben, kalt abbrausen und abtropfen lassen. In einem Topf ausreichend Wasser erhitzen, salzen, die Linsen zugeben und in 7–10 Minuten garen, sodass sie noch leicht Biss haben. Abgießen und abtropfen lassen. Gleichzeitig die Nudeln in einem zweiten Topf mit ausreichend Salzwasser garen, abgießen und abtropfen lassen.

3 Währenddessen die Kirschtomaten waschen und halbieren oder vierteln, dabei den Stielansatz wegschneiden. Die Nudeln mit Linsen und Tomaten mischen, das Grünkohl-Pesto darauf geben, mit den übrigen Walnüssen bestreuen und servieren. Vor dem Essen alles untereinander mischen.

SPAGHETTI

MIT GEMÜSE-SOJA-BOLOGNESE

Für 2 Personen

Zutaten

1 kleine Zwiebel
1 Knoblauchzehe
2 Möhren
100 g Knollensellerie
200 g braune Champignons
3 EL Olivenöl
1 Packung Soja-Hack-fleischalternative (180 g)
Salz · Pfeffer
1 TL getrockneter Thymian
1 Dose stückige Tomaten (400 g Füllgewicht)
200 g Vollkorn-Spaghetti

So geht's

1 Zwiebel und Knoblauch schälen und fein würfeln. Möhren und Sellerie putzen und schälen, in kleine Würfel schneiden. Pilze putzen, vierteln und im Blitzhacker portionsweise klein hacken.

2 2 EL Öl in einer tiefen Pfanne erhitzen. Das Soja-„Hack" darin unter Wenden nach Packungsanweisung krümelig anbraten. Mit Salz und Pfeffer würzen und herausnehmen.

3 1 EL Öl in die Pfanne geben. Die gehackten Champignons zugeben, salzen und unter Wenden bei starker Hitze ca. 5 Minuten kräftig anbraten. Am Ende Zwiebel und Knoblauch zugeben und mitbraten. Möhren- und Selleriewürfel zugeben und alles weitere 2–3 Minuten braten. Den Thymian zugeben, dann das Soja-„Hack" wieder zugeben. Die Tomaten zugeben, aufkochen und bei mittlerer Hitze ca. 20 Minuten köcheln lassen. Dabei nach und nach noch 100–150 ml Wasser zugeben. Die Sauce mit Salz und Pfeffer abschmecken.

4 Inzwischen die Nudeln nach Packungsanweisung in Salzwasser garen. Die Nudeln abgießen und abtropfen lassen. Nach Belieben mit der Parmesan-Alternative von Seite 133 (siehe Tipp) servieren.

EIN GUTER GRUND, ALS VEGANER SOJAPRODUKTE ZU ESSEN: Egal ob Soja-Hackersatz, Soja-Schnetzel, Tofu oder andere Sojaprodukte: Mit ihrem hohen Eiweißgehalt sind sie ein guter Fleischersatz. Allerdings gerät die Sojabohne immer wieder in die Kritik, da für ihre Produktion Regenwälder in Südamerika abgeholzt werden. Dazu muss man jedoch wissen, dass satte 98 Prozent der weltweiten Sojaproduktion ausschließlich als Tierfutter verwendet werden. Es ist also viel ökonomischer Sojaprodukte zu essen, anstatt Soja als Tierfutter zu verschwenden: Aus 1 kg Soja in der Schweinmast entstehen gerade mal 300 g Fleisch, aber ganze 2 kg Tofu.

Darum: *Soja ist im Hinblick auf Nachhaltigkeit ein toller Fleischersatz und eine ideale Eiweissquelle, die man als Veganer mit grünem Gewissen essen kann.*

VEGANE **PIZZA**

MIT CASHEW-KÄSE

Für 2 Pizzen

Zutaten

FÜR DEN TEIG
- 250 g Mehl
- ½ Pck. Trockenhefe
- ½ TL Salz
- 1 TL Olivenöl

FÜR DEN CASHEW-KÄSE
- 50 g Cashewkerne
- 1 TL Hefeflocken
- ½ TL Senf
- 1 TL Salz
- Zitronensaft

FÜR DEN BELAG
- 1 Zucchini
- 1 EL Olivenöl
- Salz
- 200 g braune Champignons
- 50 g schwarze Oliven (ohne Stein)
- 100 g stückige Tomaten (Dose oder frisch gewürfelt)
- 1 EL Tomatenmark
- Pfeffer
- 1 TL getrockneter Oregano
- Zucker
- 1 Handvoll Rucola

So geht's

1 Für den Teig Mehl, Hefe und Salz in einer Rührschüssel mischen. 150 ml lauwarmes Wasser und das Öl unterkneten. Den Teig 5–10 Minuten durchkneten, bis er sich geschmeidig anfühlt. Mit einem sauberen Tuch bedeckt an einem warmen Ort 1–2 Stunden gehen lassen, bis er sein Volumen etwa verdoppelt hat.

2 Inzwischen für den Cashew-Käse die Cashewkerne in einen leistungsstarken Standmixer geben, mit 250 ml heißem Wasser aus dem Wasserkocher übergießen und ca. 15 Minuten stehen lassen. Hefeflocken, Senf, Salz und ein paar Spritzer Zitronensaft zugeben und alles so fein pürieren, dass keine Stücke mehr zu sehen sind. In einen kleinen Topf umfüllen, aufkochen und unter häufigem Rühren ca. 10 Minuten köcheln lassen, bis die Masse dicklich und zähflüssig wird. Vom Herd nehmen und abkühlen lassen, dabei öfters umrühren.

3 Für den Belag die Zucchini putzen, waschen und mit einem Sparschäler der Länge nach in dünne Streifen hobeln. Das Öl in einer großen Pfanne erhitzen, die Zucchini zugeben und unter Wenden ca. 5 Minuten bei starker Hitze anbraten. Am Ende salzen. Die Pilze putzen und in sehr dünne Scheiben schneiden. Oliven gut abtropfen lassen. Die Tomaten mit dem Tomatenmark verrühren, mit Salz, Pfeffer, Oregano und 1 Prise Zucker würzen.

4 Den Backofen samt Backblech auf 250 °C (Ober-/Unterhitze) vorheizen. Teig halbieren und jeweils auf einem leicht bemehlten Stück Backpapier zu 2 runden Pizzaböden (à ca. 24 Ø) ausrollen. Mit Tomatensauce bestreichen und mit Zucchini, Pilzen und Oliven belegen. Den Cashew-Käse in Klecksen auf den Pizzen verteilen. Die Pizzen samt Backpapier nacheinander auf das heiße Blech ziehen und jeweils ca. 10 Minuten backen.

5 Inzwischen den Rucola waschen, trocken schütteln und grobe Stiele entfernen. Die fertigen Pizzen mit Rucola belegen und sofort servieren.

EIN GUTER GRUND, AUF TIERISCHEN KÄSE ZU VERZICHTEN: Abgesehen von ethischen Gründen: Auch im Hinblick auf die Nachhaltigkeit ist es sinnvoll, Käse immer oder immer öfters durch pflanzliche Alternativen zu ersetzen. Je nach Käsesorte, Haltungsbedingungen, Produktion und anderen Faktoren entsteht bei der Käseherstellung teilweise sogar mehr CO_2 als bei der Herstellung von Rindfleisch.

Darum: *Echter Käse lässt sich vor allem wegen seiner einzigartigen Schmelzeigenschaften nur schwer ersetzen. Trotzdem gibt es Alternativen, wie z.B. den veganen Käseersatz aus Cashewkernen. Hefeflocken sorgen hier für den „käsigen" Geschmack. Aber auch ganz ohne käseartiges Topping kann Pizza hervorragend schmecken: einfach nach dem Backen mit etwas hochwertigem Olivenöl beträufeln. Das macht sie schön saftig. Für Extra-Aroma noch Kräuter, Knoblauch oder Chili unter das Öl mischen.*

GRÜNES **THAI-CURRY**

Für 2 Personen

Zutaten

FÜR DIE CURRYPASTE:

4 Schalotten
1 Knoblauchzehe
25 g Galgant (alternativ junger Ingwer)
4 grüne Thai-Chilischoten
3 Stängel Zitronengras
1 Bund Koriandergrün
2 EL Pflanzenöl
2 EL Limettensaft
¾ TL gemahlener Kreuzkümmel
¼ TL gemahlene Kurkuma
Salz

AUSSERDEM:

3 grüne Thai-Auberginen
1 kleine Zucchini
1 grüne Paprikaschote
60 g Zuckerschoten
6 Kaffir-Limettenblätter (Asienladen)
200 g Natur-Tofu
1 Dose Kokosmilch (400 g Füllgewicht)
2 EL Sojasauce
½ TL (brauner) Zucker
3-4 EL Limettensaft

So geht's

1 Für die Currypaste Schalotten, Knoblauch und Galgant (oder Ingwer) schälen und grob hacken. Die Chilischoten waschen, halbieren, putzen und samt den Kernen grob hacken. Das Zitronengras waschen, den Strunk und den oberen Teil wegschneiden, sodass etwa 10–12 cm von unten übrigbleiben. Diesen Teil längs halbieren und in kleine Stücke schneiden. Das Koriandergrün waschen, trocken schütteln und gut die Hälfte grob hacken und mit den übrigen vorbereiteten Zutaten, dem Öl, dem Limettensaft, den Gewürzen und ½ TL Salz im Blitzhacker oder im Mörser möglichst fein zerkleinern und zu einer homogenen Masse verarbeiten.

2 Die Thai-Auberginen putzen, waschen und vierteln. Die Zucchini putzen, waschen und längs halbieren. Die Hälften in ca. 1 cm breite Scheiben schneiden. Die Paprika halbieren, putzen, waschen und in ca. 2 cm große Stücke schneiden. Die Zuckerschoten putzen, waschen und schräg halbieren. Die Kaffir-Limettenblätter waschen und halbieren. Den Tofu trocken tupfen und in mundgerechte Würfel schneiden. Vom übrigen Koriandergrün die Blättchen abzupfen und grob hacken.

3 Von der Kokosmilch oben den dicken Rahm abnehmen. 1–2 EL davon mit der Currypaste in einen Topf geben und bei mittlerer bis großer Hitze anbraten, bis die Flüssigkeit verdampft ist und sich das Öl aus dem Kokosrahm absetzt. Die restliche Kokosmilch unterrühren, dann Auberginen, Zucchini, Paprika und Kaffir-Kimettenblätter zugeben und alles zugedeckt bei mittlerer Hitze 12–15 Minuten garen. Die Zuckerschoten zugeben und weitere 3–5 Minuten garen.

4 Mit Sojasauce, Zucker und Limettensaft abschmecken, den Tofu einlegen und 2 Minuten ziehen lassen. Dann mit übrigem Koriandergrün bestreuen und servieren.

EIN GUTER GRUND, SPARSAM MIT EXOTEN UMZUGEHEN: Heute haben wir die Möglichkeit die Küchen vieler ferner Länder kennenzulernen. Wenn nicht vor Ort, so doch in Restaurants und der eigenen Küche, nicht zuletzt dank des breiten Angebots an exotischen Produkten. Dadurch bereichert sich das Spektrum unserer Speisen – was gerade für Vegetarier und Veganer spannend ist! Leider kommen viele der Zutaten per Schiff oder Flugzeug, was hohe Schadstoffemissionen verursacht.

Darum: *Sparsam mit „exotischen“ Zutaten umgehen und sie nur ab und an genussvoll einsetzen. Oft schmecken Gerichte auch mit hiesigen Zutaten – so lassen sich hier thailändische Auberginen auch wunderbar vollständig durch Zucchini ersetzen. Und wer konsequent an tierischen Lebensmitteln einspart, darf sich dann ab und an den Luxus einer exotischen Zutat gönnen.*

BLUMENKOHL-STEAK

MIT SESAM-KARTOFFELPÜREE

Für 2 Personen

Zutaten

FÜR DAS BLUMENKOHL-STEAK:
1 kleiner Blumenkohl (ca. 800 g)
7 EL Olivenöl
Salz

FÜR DIE SALSA VERDE:
1 Bund Petersilie
1 Knoblauchzehe
1 TL Zitronensaft
Pfeffer
½ TL Chiliflocken (Pul Biber)

FÜR DAS PÜREE:
400 g mehligkochende Kartoffeln
Salz
40 g Tahin (Sesammus)
1 EL gerösteter Sesam

So geht's

1 Für die Blumenkohl-Steaks Ofen samt Backblech auf 225 °C (Ober-/Unterhitze) vorheizen. Den Blumenkohl waschen, abtropfen lassen und die Blätter entfernen. Aus dem Blumenkohl von der Mitte aus 4 etwa 2 cm breite Scheiben schneiden. Dabei darauf achten, dass die Scheiben am Strunk möglichst zusammen halten. Die übrigen kleineren Blumenkohlstücke zur Seite legen.

2 1 EL Öl in einer großen Pfanne erhitzen. Die Blumenkohlscheiben darin pro Seite ca. 4 Minuten kräftig anbraten. Auf das heiße Blech legen, mit 1 EL Öl beträufeln, salzen und im heißen Ofen 15–20 Minuten rösten, bis sie sich mit einem Messer leicht einstechen lassen.

3 Für das Püree die Kartoffeln schälen, waschen, in Stücke schneiden und knapp mit Salzwasser bedeckt aufkochen. Dann zugedeckt ca. 20 Minuten garen. Nach ca. 10 Minuten die übrigen Blumenkohlstücke zugeben.

4 Inzwischen für die Salsa verde die Petersilie waschen, trocken schütteln, Blättchen abzupfen und fein hacken. Den Knoblauch schälen und fein hacken. Beides mit dem Zitronensaft und dem übrigem Öl verrühren, mit Salz und Pfeffer abschmecken.

5 Die Kartoffeln und den Blumenkohl abgießen, dabei das Kochwasser auffangen. Kartoffeln und Blumenkohl gut abtropfen lassen, dann zurück in den Topf geben. Das Tahin und nach und nach ca. 150 ml Kochwasser zugeben und zu einem cremigen Püree stampfen. Mit Salz abschmecken.

6 Die Blumenkohl-Steaks mit dem Püree auf Tellern anrichten. Das Püree mit dem Sesam bestreuen. Etwas Salsa verde über die Blumenkohlsteaks geben und mit Chiliflocken bestreuen. Übrige Salsa verde extra dazu servieren.

EIN GUTER GRUND, ÖFTERS MAL SESAM ZU ESSEN: Die kleinen Körnchen sind eine tolle Quelle für Kalzium und sollten daher regelmäßig auf den veganen Tisch kommen. Ob in pur oder in Form von Tahin spielt dabei keine Rolle. So können sie für starke Knochen und Zähne sorgen. Wichtig, damit das Mineral gut aufgenommen werden kann, ist eine gute Vitamin-D-Versorgung. Deshalb täglich mindestens 15 Minuten ins Freie gehen. Mit Hilfe von Sonnenstahlen kann der Körper das Vitamin dann in der Haut bilden und die Aufnahme des Kalziums verbessern.

PILZ-STIFADO

Für 4 Personen

Zutaten

300 g Schalotten oder kleine Zwiebeln
400 g Möhren
2 Stangen Staudensellerie
2 große Zwiebeln
3 Knoblauchzehen
Pflanzenöl zum Braten
Salz - Pfeffer
2 EL Tomatenmark
1 ½ EL Mehl
400 ml trockener kräftiger Rotwein (z.B. Burgunder)
300 ml Gemüsebrühe
2 Lorbeerblätter
½ TL getrockneter Oregano
5 Nelken
1 Stange Zimt
800 g kleine (braune) Champignons
1 kleines Bund Petersilie
Zucker

So geht's

1 Die Schalotten mit kochend heißem Wasser übergießen und ca. 5 Minuten ziehen lassen, anschließend schälen. Möhren putzen, schälen und in 1 cm dicke Stücke schneiden. Selleriestangen putzen, waschen, dicke Stangen einmal längs halbieren, dann quer in 1 cm breite Stücke schneiden. Die großen Zwiebeln und Knoblauch schälen und fein würfeln.

2 Ausreichend Öl in einem (Gusseisen-)Bräter erhitzen und darin Möhren und Sellerie bei großer Hitze anbraten, bis sie leicht bräunen. Salzen, pfeffern und herausheben. Etwas Öl nachgießen und darin die ganzen Schalotten (oder Zwiebeln) und Knoblauch bei mittlerer Hitze braten, bis sie weich sind und leicht bräunen. Tomatenmark unterrühren und kurz anrösten.

3 Zwiebelmasse zur Seite schieben, Mehl in den Bräter stäuben und unter Rühren anrösten. Alles durchmischen und weiterrösten, bis die Masse dunkler wird. Mit 1 Schuss Wein ablöschen, diesen vollständig verkochen lassen. Nochmal mit 1 Schuss Wein ablöschen, wieder verkochen lassen. Dann Großteil des Weins, Brühe, Lorbeerblätter, Oregano, Nelken und Zimt zugeben und kräftig mit grob gemahlenem Pfeffer würzen. Zugedeckt bei kleiner bis mittlerer Hitze ca. 30 Minuten garen.

4 Inzwischen Pilze putzen, dabei große halbieren oder vierteln. Ausreichend Öl in einer beschichteten Pfanne erhitzen, darin die ganzen Zwiebeln ringsum leicht braun anbraten, anschließend in den Bräter geben. Evtl.etwas Öl in die Pfanne nachgießen und stark erhitzen. Pilze darin bei großer Hitze goldbraun braten. Gegen Garzeitende salzen und pfeffern.

5 Pilze in den Bräter geben. Petersilie waschen, trocken schütteln und 2–3 Stängel in den Bräter legen. Alles 30-45 Minuten garen, bis die Möhren weich sind, dabei immer wieder etwas Wein zugeben. Kurz vor Garzeitende mit Salz, Pfeffer und 1–2 Prisen Zucker abschmecken. Übrige Petersilie fein hacken. Das fertige Gemüse mit reichlich Sauce am besten in tiefe Teller geben, mit Petersilie bestreuen und mit frischem Fladenbrot oder Reis servieren.

SEITAN-PAPRIKA-GULASCH

Für 2 Personen

Zutaten

200 g Seitan
2 kleine rote Paprika
1 grüne Paprika
1 Zwiebel
1 Knoblauchzehe
10 Silberzwiebeln (aus dem Glas)
2 Zweige Thymian
Olivenöl zum Braten
Salz - Pfeffer
2 TL edelsüßes Paprikapulver
¼-½ TL Chilipulver
1 EL Tomatenmark
150 ml trockener Rotwein
300 ml Gemüsebrühe
150 ml Sojasahne (Soja Cuisine)
1 TL Senf
2-3 Stängel Petersilie

So geht's

1 Den Seitan trocken tupfen und in mundgerechte Würfel schneiden. Die Paprika vierteln, putzen, waschen und die Viertel quer in ca. 5 mm dicke Streifen schneiden. Zwiebel und Knoblauch schälen und fein würfeln. Die Silberzwiebeln längs vierteln. Thymian waschen, trocken schütteln, Blättchen abzupfen und fein hacken.

2 In einem Topf ausreichend Öl erhitzen. Darin den Seitan in 3–4 Minuten rundum bei großer Hitze anbraten. Herausnehmen und ggf. von dem Bratöl weggießen. Erneut Öl im Topf erhitzen und darin Zwiebel und Knoblauch goldgelb andünsten. Die Paprika zugeben, mit Salz und Pfeffer würzen und unter Rühren mitanbraten. Dann mit Paprika- und Chilipulver überstäuben, Tomatenmark und Thymian unterrühren und kurz unter Rühren mitanrösten. Mit dem Rotwein ablöschen und diesen bei mittlerer bis großer Hitze fast vollständig verkochen lassen.

3 Brühe, Sojasahne, Seitan und Silberzwiebeln zugeben und alles zugedeckt 15–20 Minuten bei kleiner bis mittlerer Hitze garen. Dann den Senf unterrühren und nochmals 2–3 Minuten garen. Währenddessen die Petersilie waschen, trocken schütteln, Blättchen abzupfen und das fertige Gulasch damit bestreuen. Mit Reis oder (Band-)Nudeln servieren.

EIN GUTER GRUND, SEITAN ZU ESSEN: Seitan wird aus Weizengluten hergestellt. Seine Konsistenz ist fleischähnlich fest, weshalb er gerade von Umsteigern auf vegetarische oder vegane Ernährung als Fleischersatz geschätzt wird. Er lässt sich vielseitig würzen und in unterschiedlicher Weise zubereiten, da er den Geschmack von Marinaden und Saucen schön aufnimmt. Im Vergleich zu Tofu enthält er gut die Hälfte weniger Fett, dafür aber fast doppelt soviel Eiweiß, das allerdings vom Körper weniger gut aufgenommen werden kann als Tofuprotein. In Sachen Ökobilanz schneidet Seitan laut einer Studie des Vegetarierbundes hinsichtlich Material-, Land-, Wasserverbrauch und CO_2-Ausstoß etwas schlechter als Tofu ab, aber um Längen besser als Fleisch!

Darum: *Wer auf Fleisch verzichten möchte, sollte Seitan unbedingt probieren – nicht zuletzt, wenn ihm ab und an der „Biss" bei anderen Fleischalternativen fehlt. Leider ist Seitan nicht für Menschen mit Glutenunverträglichkeit geeignet. Das Gericht schmeckt aber auch mit Tofu (den man vor dem Braten allerdings gut auspressen sollte).*

GEFÜLLTER KÜRBIS-BRATEN

Für 4-6 Personen

Zutaten

FÜR DEN KÜRBISBRATEN:
- 120 g Langkornreis
- 100 g Puy-Linsen
- Salz
- 1 Butternusskürbis (ca. 1 kg)
- 1 EL Leinsamen
- 1 Zwiebel
- 1 Knoblauchzehe
- 100 g junger Spinat, Mangold oder Grünkohl
- 3 TL Olivenöl
- 2 EL getrocknete Sauerkirschen
- 1 TL getrockneter Thymian
- ½ TL Zimt
- frisch geriebene Muskatnuss
- Pfeffer
- Küchengarn

FÜR DIE SAUCE:
- 1 Zwiebel
- 1 TL Olivenöl
- 100 ml Orangensaft
- 1 EL ungesüßtes Mandelmus
- 100 g Sojasahne (Soja Cuisine)
- Salz - Pfeffer

So geht's

1 Reis und Linsen nach Packungsanweisung garen. Inzwischen den Kürbis waschen, trocken reiben, längs halbieren und Kerne samt Fäden mit einem Löffel herauskratzen. Die Kürbishälften über die ganze Länge mit Hilfe eines spitzen Messers, eines Löffels und eines stabilen Melonenkugelausstechers aushöhlen, so dass rundherum noch ca. 1 cm Rand stehen bleibt. Das Fruchtfleisch zur Seite legen. Die Kürbishälften außen mit dem spitzen Messer rundherum mehrmals einstechen.

2 Reis und Linsen abgießen, abtropfen und abkühlen lassen. Den Backofen auf 200 °C (Ober-/Unterhitze) vorheizen. Leinsamen in einem Blitzhacker oder einer Kaffeemühle fein mahlen. Mit 3 EL heißem Wasser mischen, ca. 15 Minuten quellen lassen. Zwiebel und Knoblauch schälen und fein würfeln. Spinat verlesen, waschen, trocken schütteln, grob hacken. 2 TL Öl in einer Pfanne erhitzen. Zwiebel darin andünsten. Knoblauch und Spinat zugeben, unter Wenden ca. 5 Minuten andünsten. Kirschen grob hacken, unterrühren. Abkühlen lassen.

3 Reis und Linsen mit Spinat-Mischung und aufgequollenen Leinsamen mischen. Kräftig mit Thymian, Zimt, Muskat, Salz und Pfeffer würzen. Kürbishälften innen leicht salzen. Füllung gleichmäßig hineinfüllen und glatt streichen. Kürbishälften zusammensetzen, mit Küchengarn mehrmals umwickeln und verschnüren. Auf ein mit Backpapier ausgelegtes Blech legen und rundherum mit 1 TL Öl einpinseln. Im heißen Ofen ca. 1 Stunde braten, dabei nach der Hälfte der Garzeit wenden.

4 Inzwischen für die Sauce die Zwiebel schälen und fein würfeln. Kürbisfleisch grob würfeln. Öl in einem Topf erhitzen und die Zwiebel darin andünsten. Kürbisfleisch zugeben und unter Wenden 5 Minuten andünsten. Orangensaft und 50 ml Wasser zugeben, aufkochen und zugedeckt ca. 10 Minuten köcheln, bis der Kürbis weich ist. Vom Herd nehmen, Mandelmus und Sojasahne einrühren und alles fein pürieren. Salzen und pfeffern. Den Kürbisbraten aus dem Ofen nehmen, vorsichtig in Scheiben schneiden und mit der Sauce servieren.

TIPP

Den Kürbis nicht höher als bis zum Rand der Hälften füllen. Evtl. die übrige Füllung in eine flache Auflaufform geben, glatt streichen und die letzten ca. 25 Minuten im Ofen mitgaren und zum Braten servieren.

EIN GUTER GRUND, KÜRBIS ZU ESSEN:

Der Herbst-Star ist unkompliziert und ressourcenschonend im Anbau und kommt fast immer aus der Region. Er hält sich nach der Ernte in einem kühlen, dunklen Raum lange und lässt sich so bis ins Frühjahr hinein genießen. Das macht ihn zu einem besonders nachhaltigen Gemüse. Zudem ist er reich an Nährstoffen wie Beta-Karotin – wichtig für die Sehkraft und ein toller Zellschützer – und lässt sich vielfältig verwenden. Besonders viel Aroma entfaltet er im Ofen.

Auberginen-Schnitzel
mit Kartoffelsalat

Gerösteter Spitzkohl
mit Erdnusssauce

Kartoffel-Pastinaken-Rösti

GERÖSTETER SPITZKOHL

MIT ERDNUSSSAUCE

Für 2 Personen

Zutaten

FÜR DEN KOHL:

120 g Naturreis
Salz
1 kleiner Spitzkohl
2 EL Sesamöl

FÜR DIE ERDNUSS-SAUCE:

½ Bio-Limette
2 EL ungesüßtes Erdnussmus
1–2 EL (helle) Miso-Paste
2 EL Reis- oder Apfelessig
2 TL Chilisauce (z.B. Sriracha)
2 TL gesalzene Erdnusskerne
½ Bund Petersilie

So geht's

1 Den Reis nach Packungsanweisung in Salzwasser zubereiten, anschließend noch ca. 5 Minuten zugedeckt im Topf quellen lassen.

2 Den Backofen auf 200 °C (Ober-/Unterhitze) vorheizen. Den Spitzkohl waschen, trocken tupfen und evtl. unschöne Außenblätter entfernen. Den Kohl der Länge nach vierteln, dabei darauf achten, dass die Stücke am Strunk zusammenhalten. Die Stücke mit dem Strunk nach oben auf ein mit Backpapier ausgelegtes Backblech legen. Mit Sesamöl beträufeln, salzen und im heißen Backofen ca. 30 Minuten rösten, bis der Kohl gar ist und an den Rändern dunkel und knusprig wird.

3 Inzwischen für die Sauce die Limette waschen, trocken reiben und die Schale dünn abreiben. Die Limette auspressen. Das Erdnussmus mit Miso-Paste, Essig, Chilisauce, 1 EL Limettensaft und 3 EL Wasser glatt rühren. Die Limettenschale unterrühren, mit Salz und evtl. noch etwas mehr Limettensaft abschmecken.

4 Die Erdnüsse grob hacken. Die Petersilie waschen, trocken schütteln, Blättchen von den Stielen zupfen und hacken. Den Spitzkohl mit dem Reis auf Tellern anrichten. Mit der Erdnusssauce beträufeln und mit den Erdnüssen und der Petersilie bestreuen. Die übrige Erdnusssauce extra dazu servieren.

EIN GUTER GRUND, GEMÜSE MAL DIE HAUPTROLLE SPIELEN ZU LASSEN:

Statt Fleisch oder Fisch ist Gemüse der Star auf dem veganen Teller! Damit es aufregend bleibt, lohnt es sich auch mal, neue Zubereitungsmöglichkeiten auszuprobieren und z.B. Kohl wie hier in größeren Stücken zu rösten, statt das Gemüse immer nur klein geschnitten zu garen. Beim Rösten bekommt es ein tolles Aroma, das zusammen mit der raffinierten Sauce garantiert niemanden tierische Produkte vermissen lässt. Und auch optisch macht Gemüse in der Hauptrolle richtig was her!

KARTOFFEL-PASTINAKEN-RÖSTI

Für 2 Personen

Zutaten

25 g Walnusskerne
350 g vorwiegend festkochende Kartoffeln
200 g Pastinaken
1 kleine Zwiebel
Salz - Pfeffer
frisch geriebene Muskatnuss
2 EL Rapsöl
1 Bund Schnittlauch
1 kleine Knoblauchzehe
250 g ungesüßte Mandel- oder Soja-Quarkalternative
1 TL Zitronensaft
1 TL Senf

So geht's

1 Die Walnüsse grob hacken. Die Kartoffeln schälen, waschen und grob raspeln. Die Pastinaken putzen, schälen und ebenfalls grob raspeln. Zwiebel schälen und fein würfeln. Kartoffeln, Pastinaken, Zwiebel und Walnüsse mit den Händen gut vermengen. Mit Salz, Pfeffer und Muskat kräftig würzen.

2 In einer großen beschichteten Pfanne das Öl erhitzen. Die Rösti-Masse hineingeben und mit einem Pfannenwender gleichmäßig fest drücken. Das Rösti bei nicht zu starker Hitze 12–13 Minuten braten.

3 Inzwischen für den Dip den Schnittlauch waschen, trocken schütteln und in schmale Röllchen schneiden. Den Knoblauch schälen und fein hacken. Die Quarkalternative mit Zitronensaft und Senf glatt rühren. Schnittlauch und Knoblauch unterrühren, mit Salz und Pfeffer abschmecken.

4 Das Rösti mit dem Pfannenwender leicht vom Pfannenrand lösen. Einen großen Topfdeckel oder flachen Teller auf die Pfanne legen und das Rösti darauf stürzen, dann vorsichtig zurück in die Pfanne gleiten lassen und weiter ca. 12 Minuten braten, bis es goldbraun ist. Das Rösti erneut aus der Pfanne gleiten lassen, in Viertel schneiden und mit dem Dip sofort servieren.

EIN GUTER GRUND, ÖFTERS MAL KARTOFFELN ZU ESSEN: Die Knollen sind in Sachen Klima spitze! Ihr Anbau verbraucht nur wenig Ressourcen, dazu wachsen sie in der Region und müssen nicht lange transportiert werden. Dazu sind sie eine tolle pflanzliche Eiweißquelle. Kombiniert mit Hülsenfrüchten wie Kichererbsen ergänzen sich die beiden Eiweißquellen und haben eine besonders hohe biologische Wertigkeit – ideal für eine ausgewogene vegane Ernährung.

Darum: *Kartoffeln aus der Region kaufen, regelmäßig auf den Speiseplan setzen und gegenüber exotischen Alternativen wie z.B. Süßkartoffeln öfters mal den Vorzug geben.*

AUBERGINEN-SCHNITZEL

MIT KARTOFFELSALAT

Für 2 Personen

Zutaten

FÜR DEN SALAT:

500 g Kartoffeln
100 g TK-Erbsen
3 Gewürzgurken
1 Bund Schnittlauch
150 g Seidentofu
1 gehäufter EL Tahin (Sesammus)
1 gehäufter TL Senf
1–2 TL Zitronensaft
1 EL Gewürzgurkensud
1 TL Weißweinessig
1 Msp. gemahlene Kurkuma
Kala Namak (siehe Seite 47)
Pfeffer

FÜR DIE SCHNITZEL:

2 Auberginen
Salz
2 EL Kichererbsenmehl (alternativ normales Mehl)
100 g Vollkorn-Semmelbrösel
2 TL getrockneter Thymian
Pfeffer
2 EL Olivenöl

So geht's

1 Für den Salat die Kartoffeln gründlich waschen, in einem Topf knapp mit Wasser bedecken, aufkochen und ca. 20 Minuten garen. Die Erbsen in eine Schüssel geben, mit heißem Wasser aus dem Wasserkocher übergießen und ca. 5 Minuten ziehen lassen, dann abgießen.

2 Inzwischen für die Schnitzel den Backofen auf 220 °C (Ober-/Unterhitze) vorheizen. Die Auberginen waschen, den Stielansatz entfernen und die Auberginen der Länge nach in ca. 0,5 cm dicke Scheiben schneiden, Scheiben auf einem Tablett ausbreiten, mit etwas Salz bestreuen und ca. 10 Minuten ziehen lassen.

3 Währenddessen für die Panade das Kichererbsenmehl mit 6 EL Wasser in einem tiefen Teller verrühren. In einem zweiten Teller die Semmelbrösel mit Thymian, etwas Salz und Pfeffer mischen. Die Auberginenscheiben trocken tupfen. Erst durch die Mehlmischung ziehen, dann in der Semmelbröselmischung wenden. Die Panade etwas andrücken. Das Öl portionsweise in einer großen beschichteten Pfanne erhitzen. Die Auberginenschnitzel darin ca. 5 Minuten braten, dabei einmal wenden. Auf ein mit Backpapier ausgelegtes Backblech legen und im heißen Ofen ca. 15 Minuten braten.

4 Die Kartoffeln abgießen, kurz abkühlen lassen. Die Gewürzgurken klein würfeln. Den Schnittlauch waschen, trocken schütteln und in schmale Röllchen schneiden. Für die Sauce den Tofu mit Tahin, Senf, Zitronensaft, Gewürzgurkensud, Essig und Kurkuma cremig pürieren. Die Sauce mit Kala Namak und Pfeffer abschmecken. Die Kartoffeln pellen und in schmale Scheiben schneiden. Mit Erbsen, Gewürzgurken und Schnittlauch zum Dressing geben und alles vorsichtig mit einem Teigschaber vermischen, evtl. nochmal mit Salz und Pfeffer abschmecken. Die Schnitzel mit dem Kartoffelsalat servieren.

TIPP *Der Kartoffelsalat lässt sich super vorbereiten und schmeckt natürlich auch zu anderen Gerichten oder zum Grillen.*

FENCHEL-BOHNEN-**RAGOUT**

MIT GEBRATENER POLENTA

Für 2 Personen

Zutaten

FÜR DIE POLENTA:
280 ml Gemüsebrühe
100 g Instant-Polenta
Olivenöl zum Braten

FÜR DAS RAGOUT:
2 große Fenchelknollen
2 Knoblauchzehen
Olivenöl zum Braten
Salz - Pfeffer
75 ml Weißwein (alternativ Brühe)
2 Dosen stückige Tomaten (à 400 g)
½ TL getrockneter Oregano
Zucker
1 Dose dicke weiße Bohnen (400 g Füllgewicht)
50 g kleine schwarze Oliven (mit Stein)

So geht's

Für die Polenta die Brühe aufkochen, vom Herd nehmen und die Polenta nach und nach unter Rühren dazugeben, auf den Herd zurückstellen und bei kleiner Hitze unter Rühren 2–3 Minuten quellen lassen. Erneut vom Herd nehmen und in eine mit Öl ausgepinselte Form (ca. 20 x 20 cm) geben. Auskühlen lassen, mit Frischhaltefolie abdecken und mindestens 3 Stunden im Kühlschrank ruhen lassen.

1 Die Fenchelknollen längs halbieren, waschen, Strunk keilförmig so herausschneiden, dass die Viertel noch zusammenhalten, dann die Viertel in ca. 1 cm dicke Spalten schneiden. Die Stängel oben in feine Scheiben schneiden. Den Knoblauch schälen und fein würfeln.

2 In einem weiten Topf oder einer Pfanne mit hohem Rand reichlich Öl erhitzen und darin die Fenchelspalten bei großer Hitze rundum anbraten, bis sie leicht bräunen, dann salzen, pfeffern und herausnehmen. Etwas Öl nachgießen und darin die Fenchelstängel und den Knoblauch bei mittlerer Hitze langsam andünsten, bis der Fenchel weicher wird. Mit Wein oder Brühe ablöschen und die Flüssigkeit fast vollständig verkochen lassen. Die Tomaten zugeben und mit Oregano, Salz, Pfeffer und ½ TL Zucker würzen. Alles offen 10-15 Minuten bei mittlerer Hitze leicht einkochen lassen.

3 Inzwischen die Bohnen in ein Sieb abgießen, dabei die Einlegeflüssigkeit auffangen. Den Fenchel samt Bratsud und den Oliven unter die Tomatensauce rühren und zugedeckt 20–25 Minuten bei kleiner bis mittlerer Hitze schmoren lassen. Falls nötig, ein wenig von dem Einlegewasser zugeben. Etwa 5 Minuten vor Garzeitende die Bohnen unterrühren und mitgaren lassen.

4 Kurz vor Garzeitende die Polenta auf ein Schneidebrett stürzen, einmal halbieren und die Hälften in ca. 2 cm dicke Streifen schneiden. Ausreichend Öl in einer Pfanne erhitzen und die Polentastreifen darin von beiden Seiten knusprig braun braten. Mit dem Ragout servieren.

OFEN-BLUMENKOHL

MIT ROTE-BETE-TAHIN-SAUCE

Für 2 Personen

Zutaten

FÜR DEN OFEN-BLUMENKOHL:

1 kleinerer Blumenkohl (ca. 900 g)
Salz
1 kleines Bund gemischte Kräuter
1 Knoblauchzehe
4 EL Olivenöl

FÜR DIE SAUCE:

125 g gegarte Rote Bete
150 g ungesüßte Soja-Joghurtalternative
30 g helles Tahin (Sesammus)
20 g Senf
Salz - Pfeffer

So geht's

1 Für den Ofen-Blumenkohl den Blumenkohl waschen, unschöne Außenblätter entfernen, die übrigen Blätter stehen lassen. Den Strunk an der Unterseite kreuzweise einschneiden. Den Blumenkohl in einen Topf geben, ganz mit Salzwasser bedecken, zugedeckt aufkochen und ca. 7 Minuten garen. Den Blumenkohl mit einem Schaumlöffel aus dem Wasser heben, gut abtropfen lassen und in eine Auflaufform oder einen gusseisernen Topf mit Deckel legen.

2 Den Backofen auf 200 °C (Ober-/Unterhitze) vorheizen. Die Kräuter waschen, trocken reiben, die Blättchen von den Stielen zupfen und hacken. Knoblauch schälen und fein hacken. Kräuter und Knoblauch mit dem Öl mischen und mit Salz würzen. Das Kräuter-Öl auf dem Blumenkohl verteilen. Den Deckel auflegen und den Blumenkohl Im heißen Ofen ca. 45 Minuten garen.

3 Inzwischen für die Sauce die Rote Bete trocken tupfen, in grobe Stücke schneiden und mit Soja-Joghurtalternative, Tahin und Senf cremig pürieren. Mit Salz und Pfeffer abschmecken.

4 Nach der Garzeit den Deckel abnehmen. Den Backofengrill zuschalten und den Blumenkohl 5–10 Minuten grillen, bis er leicht bräunt. Den Blumenkohl auf eine Platte setzen und mit etwas Sauce übergießen. Die übrige Sauce extra dazu reichen. Dazu schmeckt ein knuspriges Vollkorn-Baguette.

EIN GUTER GRUND FÜR BLUMENKOHL: Das blasse Gemüse kommt so gut wie immer aus der Region, muss also nicht weit transportiert werden. Zudem ist es unempfindlich und wird größtenteils ganz ohne Verpackung angeboten. Er ist besonders vielseitig und lässt sich immer wieder anders zubereiten. Da er recht neutral schmeckt, lässt er sich toll mit Gewürzen und Kräutern kombinieren.

Darum: *Fast das ganze Jahr über ist Blumenkohl ein tolles, nachhaltiges Gemüse.*

KARTOFFEL**GRATIN**

MIT CASHEW-SAHNE

Für 2 Personen

Zutaten

100 g Cashewkerne
Fett für die Form
1 Knoblauchzehe
800 g vorwiegend festkochende Kartoffeln
Salz · Pfeffer
frisch geriebene Muskatnuss
3–4 Zweige Thymian

So geht's

1 Für die Cashew-Sahne die Cashewkerne in einer kleinen Schüssel mit 375 ml Wasser bedecken und mindestens 4 Stunden (am besten über Nacht) abgedeckt einweichen lassen. Anschließend die Cashewkerne mit dem Wasser in einen leistungsstarken Standmixer geben und sehr fein pürieren.

2 Den Backofen auf 200 °C (Ober-/Unterhitze) vorheizen und eine flache Auflaufform mit Deckel einfetten. Die Knoblauchzehe schälen, halbieren und die Form damit kräftig ausreiben. Die Kartoffeln schälen, waschen, in dünne Scheiben hobeln oder schneiden und in der Auflaufform verteilen.

3 Die Cashew-Sahne mit Salz, Pfeffer und Muskat kräftig abschmecken. Den Thymian waschen, trocken schütteln, Blättchen abstreifen und auf den Kartoffeln verteilen. Die Cashew-Sahne gleichmäßig über den Kartoffeln verteilen. Den Deckel auf die Form auflegen und das Gratin im heißen Ofen ca. 30 Minuten backen. Dann den Deckel abnehmen und noch weitere 15–20 Minuten backen. Dazu schmeckt ein grüner Salat.

EIN GUTER GRUND, CASHEWSAHNE SELBSTZUMACHEN:
Fertige Sahne-Alternativen zum Kochen, z.B. aus Soja oder Hafer, enthalten oft viele Zusatzstoffe wie Verdickungsmittel und Aromen. Außerdem sind sie meist in Tetrapaks verpackt. Aus Cashewkernen lässt sich alleine durch Zugabe von Wasser ganz unkompliziert eine cremiger Sahne-Alternative herstellen – ganz ohne künstliche Extras und Verpackung. Super geeignet ist dafür auch der etwas preiswertere Cashewbruch. Die daraus hergestellte „Sahne" hält sich in einem Schraubglas im Kühlschrank 3–4 Tage. Ihr könnt sie also auch auf Vorrat zubereiten. Je nach Verwendungszweck könnt ihr sie mit etwas mehr oder weniger Wasser flüssiger oder dickflüssiger machen.

LE CREUSET
LE CREUSET

BUNTE **GEMÜSEQUICHE**

Für 1 Quiche (ca. 12 Stücke)

Zutaten

FÜR DEN TEIG:

1 EL Leinsamenmehl
250 g Weizenmehl + zum Arbeiten
Salz
kalte 100 g Pflanzenmargarine (zum Backen) + zum Einfetten

FÜR DEN BELAG:

1 große Stange Lauch
2 Fenchelknollen
2 Möhren
1 Knoblauchzehe
Pflanzenöl zum Braten
Salz · Pfeffer
400 g weicher Seidentofu
1 TL gekörnte Gemüsebrühe (Pulver)
2 EL Kichererbsenmehl
⅓ TL gemahlene Kurkuma
½ TL Currypulver
1 ½2 EL Hefeflocken (nach Belieben)
½ Bund Dill

So geht's

1 Für den Teig das Leinsamenmehl glatt mit 120 ml kaltem Wasser verrühren und 5–10 Minuten quellen lassen. Das Mehl mit 1 guten Prise Salz mischen. Die Margarine in Flöckchen schneiden, darauf geben und erst mit einem Messer unterhacken, dann alles zwischen den Händen zu feineren Krümeln zerreiben. Die Leinsamenmasse zugeben und alles zügig untereinander kneten, dabei evtl. nochmals 1–3 EL kaltes Wasser zugeben. Den Teig zu einer Kugel formen, in eine verschließbare Gefrierbox geben und ca. 30 Minuten in den Kühlschrank stellen.

2 Währenddessen für den Belag den Lauch putzen, waschen, längs halbieren und Hälften quer in ca. 4 mm breite Stücke schneiden. Den Fenchel putzen, waschen, die Knollen vierteln und Strunk herausschneiden, die Viertel quer in ca. 4 mm breite Stücke schneiden. Möhren putzen, schälen und grob raspeln. Knoblauch schälen und fein hacken.

3 In einer großen beschichteten Pfanne ausreichend Öl erhitzen, darin das Gemüse anbraten, bis der Lauch leicht bräunt. Gegen Ende den Knoblauch unterrühren, salzen und pfeffern. Vom Herd nehmen, lauwarm abkühlen lassen. Währenddessen Seidentofu abtropfen lassen und in einer Rührschüssel mit Brühepulver, Kichererbsenmehl, Kurkuma und Currypulver mit dem Schneebesen verrühren. 2 EL Öl zugeben und alles gründlich mit dem Schneebesen verschlagen, bis eine glatte Masse entstanden ist. Mit Salz, Pfeffer und nach Wunsch mit Hefeflocken würzig abschmecken. Dill waschen, trocken schütteln, Spitzen abzupfen, grob hacken und mit dem gegarten Gemüse untermischen.

4 Den Backofen auf 200 °C (Ober-/Unterhitze) vorheizen. Eine Tarte- oder Springform (26 cm Ø) einfetten. Teig auf einer bemehlten Arbeitsfläche ausrollen, in die Form legen, dabei einen Rand bilden. Teig mehrmals mit einer Gabel einstechen. Im heißen Ofen (unten) 10 Minuten vorbacken. Herausnehmen, Füllung auf dem Teig verteilen, glatt verstreichen und 30–35 Minuten backen, bis die Quiche gebräunt, und der Guss obenauf fest ist. Herausnehmen und kurz abkühlen lassen.

SÜSSSPEISEN UND DESSERTS

BEEREN-CHEESECAKE

IM GLAS

Für 2 Personen

Zutaten

FÜR DIE CREME:

25 g Cashewkerne
100 g Erdbeeren
50 g Heidelbeeren
50 g Kokosmus (Bioladen)
1 EL Agavendicksaft
1 EL Zitronensaft

FÜR DEN BODEN:

30 g saftige entsteinte Datteln (z.B. Medjool-Datteln)
15 g Kokosraspel
15 g Hanfsamen

So geht's

1 Für die Creme die Cashewkerne in einer kleinen Schüssel mit ausreichend Wasser bedecken und mindestens 4 Stunden, am besten über Nacht, einweichen.

2 Für den Boden die Datteln grob hacken. Mit Kokosraspeln und Hanfsamen in einen Blitzhacker geben und zu einer klebrigen Masse verarbeiten. Je ein Viertel der Masse in ein Glas mit weiter Öffnung (à ca. 300 ml Inhalt) geben, mit einem Löffel zu einem Boden festdrücken.

3 Die Cashewkerne abgießen und abtropfen lassen. Die Beeren verlesen und waschen. Erdbeeren putzen und halbieren. Heidelbeeren vorsichtig trocken tupfen. Die Cashewkerne mit Erdbeeren, Kokosmus, Agavendicksaft und Zitronensaft in einen leistungsstarken Standmixer geben und möglichst fein und cremig pürieren. Die Creme gleichmäßig auf den Cheesecake-Boden füllen. Die Heidelbeeren auf der Creme verteilen. Die Gläser abgedeckt mindestens 2 Stunden kalt stellen.

EIN GUTER GRUND, SICH ÜBERRASCHEN ZU LASSEN:

Wer sich immer oder immer öfters vegan ernähren will, stellt am Anfang oft fest, dass alte Lieblingsgerichte sich nicht so einfach in eine vegane Variante bringen lassen. Ein Cheesecake besteht zum Beispiel vor allem aus Frischkäse oder Quark und Eiern – das lässt sich ohne tierische Produkte nicht exakt kopieren, muss aber auch gar nicht sein! Statt zwanghaft zu versuchen, nicht-vegane Gerichte in eine vegane Variante zu bringen, macht es viel mehr Spaß, ganz neue Zutaten, Zubereitungsarten und Rezepte zu entdecken. Dabei entstehen oft kulinarische Überraschungen wie z.B. die sogenannten „Raw Cheesecakes", die ganz anders als ein normaler Cheesecake daher kommen, aber mindestens genauso lecker sind. Also, öfters mal überraschen lassen, und ganz neue Lieblingsgerichte entdecken.

TIPP *Im Kühlschrank hält sich der Cheesecake ca. 3 Tage. Der Kuchen lässt sich in einem Schraubglas auch auf Vorrat einfrieren und bleibt so ca. 3 Monate frisch. Vor dem Servieren bei Zimmertemperatur auftauen lassen.*

SESAM-WAFFELN

Für 8 Stück

Zutaten

3 EL geschrotete Gold-Leinsamen
100 g Haferflocken
100 g Dinkel-Vollkornmehl
1 EL Backpulver
4 EL Zucker
Salz
2 EL Sesam
175 g Soja-Joghurt-alternative
125 ml ungesüßter Pflanzendrink (z.B. aus Soja oder Hafer)
1 EL Zitronensaft und 1 TL fein abgeriebene Schale von 1 Bio-Zitrone
25 g Tahin (Sesammus)
Öl für das Waffeleisen
Puderzucker, frische Früchte, Sesam (nach Belieben)

So geht's

1 Die Leinsamen mit 90 ml Wasser mischen und ca. 15 Minuten quellen lassen, dabei ab und zu rühren. Inzwischen die Haferflocken im Blitzhacker fein zermahlen. Mit Mehl, Backpulver, Zucker, 1 Prise Salz und Sesam mischen.

2 Die Soja-Joghurtalternative mit Pflanzendrink, Zitronensaft, Zitronenschale und Tahin glatt rühren. Mit den aufgequollenen Leinsamen unter die Mehlmischung rühren.

3 Ein Herzwaffeleisen fetten, 1–2 EL Teig in das Waffeleisen geben und goldbraun backen. Herausnehmen und auf ein Kuchengitter legen. Auf die gleiche Weise ca. 8 Waffeln backen. Die Waffeln nach Wunsch mit Puderzucker bestäuben, mit Sesam bestreuen und mit frischen Früchten servieren.

EIN GUTER GRUND FÜR PFLANZLICHE JOGHURT-ALTERNATIVEN: Milchviehhaltung verursacht große Mengen klimaschädlicher Gase und hat einen hohen Ressourcenverbrauch. Aus Nachhaltigkeitssicht sind pflanzliche Alternativen zu Milchprodukten daher absolut empfehlenswert! Gab es vor Jahren nur Alternativen aus Soja auf dem Markt, gibt es mittlerweile eine große Bandbreite an pflanzlichen Joghurt-Produkten, z.B. auf der Basis von Hafer, Kokos oder Mandeln. Die Klimabilanz der einzelnen Varianten fällt dabei recht unterschiedlich aus: Aus Umweltsicht schneiden Soja- und Hafer-Produkte am besten ab. Wichtig bei der Beurteilung der Produkte ist aber auch die Herkunft und die Verpackung. Eine exakte Beurteilung der pflanzlichen Joghurt-Alternativen, die alle relevanten Fakten einbezieht, ist daher kaum möglich.

Darum: *Pflanzliche Joghurtalternativen haben im Vergleich zu Joghurt aus Tiermilch so gut wie immer die bessere Ökobilanz. Besonders empfehlenswert sind Soja- oder Hafer-Produkte möglichst aus der Region.*

Eton Mess mit Baisers

Vegane Schokocreme

Schnelles Tiramisu

VEGANE SCHOKOCREME

Für 2 Personen

Zutaten

80 g vegane Zartbitter-Schokolade (mind. 72 % Kakaoanteil)
60 ml Soja-Schlagsahne-alternative
160 g Seidentofu
2 TL Ahornsirup
Salz

So geht's

1 Von der Schokolade mit einem Sparschäler ca. 1 TL Schokospäne abziehen und zur Seite stellen. Die restliche Schokolade grob hacken, über einem heißen Wasserbad schmelzen und auf Zimmertemperatur abkühlen lassen.

2 Inzwischen die Sojaschlagcreme steif schlagen. Den Seidentofu abtropfen lassen und mit Ahornsirup und 1 Prise Salz fein pürieren. Die flüssige Schokolade zum Tofu geben und mit dem Stabmixer untermixen. Die Schlagcreme zugeben und mit einem Schneebesen vorsichtig unterheben. Die Creme in zwei Dessert-Gläser füllen und abgedeckt mindestens 2 Stunden kalt stellen. Vor dem Servieren mit den Schokospänen bestreuen.

TIPP ***Seidentofu ist eine besonders weiche Form von Tofu, die sich prima für Süßspeisen eignet. Sie finden ihn in Bioläden oder in asiatischen Lebensmittelgeschäften. Reste halten sich gut verpackt im Kühlschrank ca. 5 Tage und eignen sich klein gewürfelt auch als Einlage für asiatische Suppen.***

EIN GUTER GRUND, BEIM EINKAUFEN AUF FAIRTRADE ZU ACHTEN:

Exotische Lebensmittel aus fernen Ländern wie z. B. Kakao, Bananen, Kaffee, Südfrüchte oder Tee werden leider allzu oft unter inakzeptablen Bedingungen für die an der Produktion beteiligten Menschen und die Umwelt hergestellt.

Darum: ***Das Fairtrade-Siegel auf Produkten garantiert bessere Arbeitsbedingungen, Löhne und umweltschonendere Anbauweisen in den Herkunftsländern. Durch bessere Preise für Bio-Produkte werden zudem die Produzenten zur Umstellung auf nachhaltigere Landwirtschaft ermutigt. Es lohnt sich also, beim Einkauf auf das Fairtrade-Siegel bei Lebensmitteln wie Schokolade zu achten.***

SCHNELLES **TIRAMISU**

Für 6 Personen

Zutaten

- 1 Dose Kichererbsen (ca. 260 g Abtropfgewicht)
- 70 g Zucker
- 300 g ungesüßte Kokos-Joghurtalternative
- 250 g vegane Kekse
- 100 ml kalter Espresso
- 3 EL Amaretto
- 2 TL Kakaopulver

So geht's

1 Die Kichererbsen in ein Sieb abgießen, die Einlegeflüssigkeit (ca. 180 ml) dabei auffangen. Die Kichererbsen anderweitig verwenden. Die Kichererbsenflüssigkeit mit den Schneebesen des Handrührgeräts steif schlagen, dabei am Ende den Zucker langsam einrieseln lassen und unterschlagen. Die Kokos-Joghurtalternative in einer Rührschüssel glatt rühren. Kichererbsen-Schaum zugeben und mit einem Spatel vorsichtig unterheben.

2 Die Kekse in ca. 1 cm große Stücke brechen. Den Espresso und den Amaretto verrühren, die Kekse zugeben und untermischen.

3 Ein Drittel der Creme in 6 Dessertgläser oder 1 Dessertschüssel verteilen. Die Hälfte der Keksmischung darauf geben. Die Hälfte der übrigen Creme einschichten, übrige Kekse einschichten und mit der restlichen Creme abschließen. Bis zum Servieren kalt stellen. Vor dem Servieren mit Kakaopulver bestreuen.

EIN GUTER GRUND, KICHERERBSEN-FLÜSSIGKEIT NICHT WEGZUGIESSEN:

Die Flüssigkeit in Kichererbsendosen, auch Aquafaba genannt, lässt sich wie Eiweiß aufschlagen und für luftige Desserts, Kuchen und baiserähnliches Gebäck verwenden. Sie enthält neben etwa 95 Prozent Wasser Eiweiß und Stärke aus den Hülsenfrüchten. Diese sorgen dafür, dass die Flüssigkeit beim Aufschlagen schaumig wird. Die Einlegelüssigkeit könnt ihr in einem sauberen Schraubglas 3–4 Tage im Kühlschrank aufbewahren oder auf Vorrat bis zu 3 Monate einfrieren. Wenn ihr also das nächste Mal Kichererbsen aus der Dose verwendet, am besten gleich die Flüssigkeit mitaufbewahren.

ETON MESS

MIT BAISERS

Für 6 Personen

Zutaten

FÜR DIE BAISERS:

1 Dose Kichererbsen (ca. 260 g Abtropfgewicht)
250 g feiner Zucker

FÜR DAS ETON MESS:

400 g Beeren (z.B. Erdbeeren, Himbeeren, Heidelbeeren)
2 EL Crème de Cassis (schwarzer Johannisbeerlikör)
250 g Schlagsahnealternative
150 g Vanille-Joghurtalternative
125 g Baiser
Minzblättchen für die Deko

So geht's

1 Für die Baisers den Backofen auf 90 °C Umluft (Ober-/Unterhitze nicht geeignet) vorheizen. Die Kichererbsen in ein Sieb abgießen, die Einlegeflüssigkeit (ca. 180 ml) dabei auffangen. Kichererbsenflüssigkeit mit den Schneebesen des Handrührgeräts sehr steif schlagen, dabei am Ende den Zucker langsam einrieseln lassen und unterschlagen, weiter schlagen, bis er sich vollständig gelöst hat. Die Masse in einen Spritzbeutel mit großer Sterntülle (14 mm Ø) füllen und ca. 50 Tuffs mit ca. 5 cm auf 2–3 mit Backpapier ausgelegte Backbleche spritzen. Im heißen Ofen 1 ½ Stunden – 1 Stunde 40 Minuten backen. Den Ofen ausschalten und Tür mit Hilfe eines Kochlöffels einen Spalt öffnen, die Baisers im Ofen ca. 1 Stunde abkühlen lassen. Anschließend auf einem Kuchengitter auskühlen lassen.

2 Für das Eton Mess die Beeren verlesen, waschen und putzen. Die Erdbeeren je nach Größe vierteln oder würfeln. Die Beeren mit Crème de Cassis mischen und ca. 15 Minuten ziehen lassen.

3 Die Sahnealternative nach Packungsanweisung steif schlagen und unter die Vanille-Joghurtalternative heben. Ca. 100 g Baiser grob zerbröseln und unter die Creme heben. Die Hälfte der Baiser-Creme in 6 Dessertgläser oder 1 große Dessertschüssel geben. Die Hälfte der Beeren einschichten, mit übriger Creme bedecken und die restlichen Beeren darauf geben. Kurz vor dem Servieren mit übrigen ganzen Baisers und ein paar Minzeblättchen dekorieren.

TIPP *Übrige Baisers halten sich in einer Blechdose luftdicht verpackt mehrere Wochen.*

EIN GUTER GRUND, DAS DESSERT SAISONAL ZU VARIIEREN: Außerhalb der Beeren-Saison andere Früchte wie z.B. Aprikosen, Kirschen oder Pflaumen verwenden, die gerade aus der Region kommen. Alternativ ist auch TK-Ware eine nachhaltigere Alternative als frische Erdbeeren, die in der kalten Jahreszeit aus dem Gewächshaus kommen oder aus fernen Ländern eingeflogen werden.

DAMPFNUDELN

MIT CASHEW-VANILLESAUCE

Für 4 Personen

Zutaten

FÜR DIE DAMPFNUDELN:
260 g Dinkelmehl
75 g ungeschälte gemahlene Mandeln
1 Pck. Trockenhefe (7 g)
Salz
30 g Zucker
175 ml lauwarmer Hafer- oder Mandeldrink
1 EL Rapsöl

FÜR DIE CASHEW-VANILLE-SAUCE:
100 g Cashewkerne
Salz
2 EL Agavendicksaft
½ Vanilleschote

So geht's

1 Für die Dampfnudeln das Mehl mit Mandeln, Hefe, 1 Prise Salz und Zucker in einer Rührschüssel mischen. Den lauwarmen Pflanzendrink und das Öl zugeben und alles mit den Knethaken des Handrührgerätes zu einem glatten Teig verkneten. Abgedeckt an einem warmen Ort ca. 30 Minuten gehen lassen.

2 Inzwischen für die Vanillesauce die Cashewkerne mit 200 ml kochendem Wasser übergießen und ca. 15 Minuten ziehen lassen. Samt Wasser in einen leistungsstarken Standmixer geben und sehr fein pürieren. 1 Prise Salz und Agavendicksaft zugeben. Das Mark aus der halben Vanilleschote auskratzen, ebenfalls dazu geben und alles kurz untermixen. Evtl. noch mit etwas Wasser verdünnen.

3 Den Teig kurz durchkneten, in 4 Stücke teilen und diese jeweils zu runden Kugeln formen. Die Dampfnudeln in einen Dämpfeinsatz setzen und einen Topf mit einer Handbreit Wasser füllen. Den Dämpfeinsatz in den Topf stellen, den Deckel auflegen und alles aufkochen. Die Dampfnudeln fest zugedeckt ca. 15 Minuten dämpfen – den Deckel dabei nicht öffnen! Die fertigen Dampfnudeln auf Tellern anrichten und mit der Cashew-Vanillesauce servieren.

EIN GUTER GRUND, BEI HEFE ZU BIO-QUALITÄT ZU GREIFEN:

Hefe besteht aus Hefepilzen, die zu den einzelligen Organismen gehören. Auch wenn auf manchen Hefeprodukten wie z.B. Hefeflocken ausdrücklich „vegan“ steht: nicht-vegane Hefe gibt es nicht. Außerdem gibt es bei der Herstellung große Unterschiede zwischen konventioneller Hefe und Bio-Hefe: Die Produktion von konventioneller Hefe verbraucht deutlich mehr Wasser, das wegen des Zusatzes von chemischen Hilfsstoffen bei der Produktion nicht mehr wiederverwendet werden kann.

Darum: *Möglichst Bio-Hefe beim Backen verwenden, da sie die deutlich bessere Klimabilanz hat.*

TIPP *Übrige Cashew-Vanillesauce hält sich in einer Glasflasche im Kühlschrank mindestens 5 Tage und schmeckt auch zu anderen süßen Gerichten oder frischen Früchten.*

SCHOKO-ERDNUSS-CUPCAKES

Für 12 Stück

Zutaten

1 Pck. Vanille-Puddingpulver (zum Kochen; für 500 ml Flüssigkeit)
500 ml + 250 ml ungesüßter Sojadrink
4 EL + 100 g Zucker
200 g cremiges Erdnussmus
2 TL Apfelessig
ausgekratztes Mark von 1 Vanilleschote oder 1 TL Vanille-Extrakt
180 g Mehl
60 g Kakaopulver
½ Pck. Backpulver (8 g)
75 g brauner Zucker
Salz
80 ml Sonnenblumenöl
2 TL Erdnusskerne
ca. 10 g vegane Zartbitter-Schokolade

So geht's

1 Für das Topping das Puddingpulver mit ca. 50 ml Sojadrink glatt rühren. Den restlichen Sojadrink (450 ml) mit 4 EL Zucker aufkochen. Das angerührte Puddingpulver in die kochende Flüssigkeit rühren, unter Rühren aufkochen und ca. 1 Minute köcheln lassen. Den Pudding in eine Schüssel füllen und mit etwas Frischhaltefolie abdecken. Auf Zimmertemperatur abkühlen lassen.

2 Den zimmerwarmen Pudding glatt rühren. Zimmerwarmes Erdnussmus mit den Schneebesen des Handrührgerätes esslöffelweise gut unterrühren (Pudding und Erdnussmus müssen unbedingt die gleiche Temperatur haben, sonst gerinnt die Creme!). Die Creme in einen Spritzbeutel mit kleinen Sterntülle (8 mm Ø) füllen, kalt stellen und ca. 30 Minuten vor der Verwendung wieder aus dem Kühlschrank holen.

3 Für die Cupcakes den Backofen auf 175 °C (Ober-/Unterhitze) vorheizen. Die 12 Mulden des Muffinblechs mit Papierförmchen auslegen. 250 ml Sojadrink mit Essig und Vanillemark oder Vanille-Extrakt verrühren und kurz stehen lassen, bis er etwas andickt. Das Mehl mit Kakao, Backpulver, 100 g Zucker, braunem Zucker und 1 Prise Salz mischen. Die Sojadrink-Mischung und das Öl mit den Schneebesen des Handrührgeräts auf niedriger Stufe kurz unterrühren, dann ca. 10 Sekunden auf höchster Stufe durchrühren. Den Teig in die Förmchen füllen und im heißen Ofen (Mitte) 20–25 Minuten backen. Die Cupcakes herausnehmen, kurz abkühlen lassen, aus dem Blech lösen und auf einem Kuchengitter auskühlen lassen.

4 Die Erdnüsse in einer heißen Pfanne anrösten, bis sie duften, herausnehmen und grob hacken. Die Creme in einen Spritzbeutel mit kleiner Sterntülle (8 mm Ø) füllen und als Tuffs auf die Cupcakes spritzen. Mit den gerösteten Erdnüssen bestreuen. Mit einem Sparschäler von der Schokolade direkt über den Cupcakes feine „Locken" abziehen.

APFEL-BROMBEER-CRUMBLE

Für 4-6 Personen

Zutaten

2 Äpfel (ca. 400 g; z.B. Elstar oder Boskop)
75 g Kokosöl + für die Form
200 g Brombeeren
125 g Haferflocken
125 g gemahlene Mandeln
je ½ TL gemahlener Zimt und Ingwer
frisch geriebene Muskatnuss
Salz
60 ml Ahornsirup

So geht's

1 Den Backofen auf 200 °C (Ober-/Unterhitze) vorheizen. Die Äpfel waschen, schälen, vierteln, entkernen und in schmale Spalten schneiden. Das Öl in einem kleinen Topf schmelzen. Eine flache Auflaufform am Boden mit etwas Öl einpinseln. Die Äpfel in der Form verteilen und ca. 10 Minuten im heißen Ofen vordünsten. Inzwischen die Brombeeren verlesen, waschen und trocken tupfen.

2 Für die Streusel die Haferflocken mit Mandeln, Zimt, Ingwerpulver, je 1 Prise Muskat und Salz in einer Rührschüssel mischen. Den Ahornsirup und das flüssige Öl zugeben und mit den Knethaken des Handrührgeräts zu Streusel verkneten.

3 Die Auflaufform aus dem Ofen nehmen. Die Brombeeren zwischen den Äpfeln verteilen. Die Streusel gleichmäßig auf dem Obst verteilen. Den Crumble ca. 20 Minuten im Ofen backen, bis die Streusel goldbraun sind. Lauwarm servieren. Dazu schmeckt 1 Klecks Vanille-Joghurtalternative, 1 Kugel veganes Vanille-Eis oder die Cashew-Vanillesauce von Seite 172.

EIN GUTER GRUND, BEI MARGARINE GENAU HINZUSEHEN: Als pflanzliche Alternative zu Butter und Schmalz ist Margarine schon lange auf dem Markt. Nicht alle Produkte sind jedoch wirklich vegan, denn nicht selten wird bei der Herstellung z.B. Molke als Säuerungsmittel verwendet. Zudem enthalten einige Produkte gehärtete Fette und dadurch gesundheitsschädliche Trans-Fette, und Palmöl, für dessen Anbau riesige Regenwaldflächen in Südamerika und Asien gerodet werden.

Darum: *Beim Kauf von Margarine auf die Kennzeichnung „vegan“ achten und die Zutatenliste genau studieren. Häufige nicht-vegane Zutaten in Margarine sind Molke, Omega-3-Fettsäuren, Vitamin D und der Zusatzstoff E471. Außerdem auch Produkte mit gehärteten Fetten und Palmöl meiden.*

Cremiges Kirsch-Softeis mit Krokant

Schoko-Erdnuss-Nicecream

Mango-Kokos-Eis

MANGO-KOKOS-EIS

Für 4 Personen

Zutaten

250 g TK-Mangostücke
1 Dose Kokosmilch (400 g Füllgewicht)
2 EL Zucker
2 EL leicht geröstete Kokoschips zum Verzieren

So geht's

1 Die gefrorenenen Mangostücke in ein hohes Mixgefäß oder einen leistungsstarken Standmixer geben. Die Kokosmilch und den Zucker darüber geben und alles 5 Minuten antauen lassen.

2 Die Mango-Mischung pürieren, bis eine cremige Eismasse entstanden ist. Das Eis anrichten und mit den Kokoschips bestreut servieren. Evtl. Reste lassen sich in einer gut schließenden Dose auf Vorrat einfrieren.

SCHOKO-ERDNUSS-NICECREAM

Für 4 Personen

Zutaten

3-4 reife Bananen (ca. 300 g Fruchtfleisch)
3 EL ungesüßtes Erdnussmus
30 g vegane Zartbitter-Schokolade

So geht's

1 Bananen schälen, in grobe Stücke schneiden und für mindestens 4 Stunden einfrieren.

2 Die gefrorenen Bananen mit dem Erdnussmus in ein hohes Mixgefäß oder einen leistungsstarken Standmixer geben, kurz antauen lassen und fein pürieren, bis eine cremige Eismasse entstanden ist.

3 Die Schokolade in kleine Stücke hacken und unter die Nicecream heben. Das Eis sofort servieren oder auf Vorrat einfrieren.

CREMIGES KIRSCH-SOFTEIS
MIT KROKANT

Für 4 Personen

Zutaten

125 g Seidentofu
35 g helles Mandelmus
20 g Puderzucker
2 TL Zitronensaft
Salz
350 g TK-Kirschen
30 g Sesamkrokant

So geht's

1 Alle Zutaten, bis auf den Sesamkrokant, in ein hohes Mixgefäß oder einen leistungsstarken Standmixer geben und cremig pürieren, bis eine cremige Eismasse entstanden ist.

2 Das Softeis in Schälchen anrichten, den Sesamkrokant darüber bröseln und sofort servieren.

TIPP *Das ürige Softeis lässt sich gut einfrieren. Vor dem Servieren kurz antauen lassen.*

EIN GUTER GRUND, WEISSEN ZUCKER ZU VERWENDEN: Weißer Zucker hat einen schlechten Ruf – gilt er als ungesunder Dickmacher. Exotische Alternativen wie Agavendicksaft, Ahornsirup oder Kokosblütenzucker sind deshalb bei gesundheitsbewussten Menschen schon im Trend. Schaut man jedoch genauer hin, bestehen auch diese Produkte zum größten Teil aus Zucker und liefern wie weißer Zucker leere Kalorien, die im Übermaß dick machen und Heißhunger verursachen können. Im Gegensatz zu Zucker aus heimischen Zuckerrüben schneiden die alternativen Süßungsmittel aus fernen Ländern in Sachen Klima dazu deutlich schlechter ab.

Darum: *Aus gesundheitlicher Sicht ist es egal, welches Süßungsmittel ihr verwendet – Zucker bleibt Zucker und sollte am besten nur ab und zu in Maßen genossen werden. Wie viel Zucker wir als süß genug empfinden, ist nämlich Gewohnheitssache. Im Hinblick auf die Nachhaltigkeit ist Zucker aus Zuckerrüben, am besten in Bio-Qualität, die beste Wahl. Er kommt aus der Region und ist fast immer in Papiertüten verpackt. Manchmal machen alternative Süßungsmittel trotzdem Sinn: Ahornsirup liefert neben Süße ein tolles Aroma, Agavendicksaft ist hell und löst sich in Flüssigkeiten gut auf. Die exotischen Süßungsmittel am besten in Bio-Qualität und/oder mit Fairtrade-Siegel kaufen.*

MANDEL-GRIESS-PUDDING

MIT KARAMELLSAUCE

Für 2 Personen

Zutaten

FÜR DEN PUDDING:
- 375 ml ungesüßter Mandeldrink
- 1 TL Vanilleextrakt
- 10 g Zucker
- Salz
- 40 g Weichweizengrieß
- Kokosöl für die Förmchen

FÜR DIE SAUCE:
- 50 g Zucker
- 50 ml Hafersahne (Hafer Cuisine)
- 1 EL Kokosöl
- Salz

AUSSERDEM:
- 4 reife Aprikosen
- 2 TL Mandelblättchen

So geht's

1 Den Mandeldrink mit Vanille, Zucker und 1 Prise Salz in einen Topf geben und aufkochen. Den Grieß unter Rühren mit einem Schneebesen einstreuen, aufkochen und unter Rühren ca. 10 Minuten köcheln, bis ein fester Brei entstanden ist. Inzwischen 2 Dessert-Förmchen mit Kokosöl einfetten. Den Brei in die Förmchen füllen, abkühlen lassen und mindestens 2 Stunden kalt stellen.

2 Währenddessen für die Sauce den Zucker und 1 EL Wasser in einem Topf mit schwerem Boden geben und erhitzen, bis der Zucker vollständig geschmolzen ist und goldbraun wird. Die Hafersahne und das Kokosöl zugeben, unter Rühren aufkochen und köcheln lassen, bis der Karamell losgekocht ist und eine cremige Sauce entstanden ist. 1 Prise Salz unterrühren. Vom Herd nehmen, abkühlen lassen und dabei ab und zu umrühren.

3 Die Aprikosen waschen, trocken reiben, halbieren, entsteinen und in schmale Spalten schneiden. Die Mandelbättchen in einer Pfanne ohne Fett goldbraun rösten, herausnehmen. Die Grießpuddinge auf Teller stürzen. Die Aprikosen dazu geben, etwas Karamellsauce darüber träufeln und mit den Mandelblättchen bestreuen. Die übrige Sauce extra dazu servieren.

SAISON-VARIANTEN: ***Statt Aprikosen schmecken natürlich auch andere Früchte zum Grießpudding, z.B. Pflaumen, Kirschen, Beeren oder Orangen.***

BROWNIES

MIT SCHWARZEN BOHNEN

Für ca. 16 Stück

Zutaten

Fett für die Form
50 g gemahlene Haselnusskerne + für die Form
200 g vegane Zartbitter-Schokolade
75 g Kokosöl
1 Dose schwarze Bohnen (ca. 260 g Abtropfgewicht)
1 Tasse (ca. 30 ml) starker Espresso
150 g Agavendicksaft
2 EL Kakaopulver
50 g Dinkelmehl
1 TL Backpulver
Salz

So geht's

1 Den Backofen auf 175 °C (Ober-/Unterhitze) vorheizen. Eine quadratische Springform (24 x 24 cm) einfetten und mit etwas gemahlenen Haselnüssen ausstreuen. Die dunkle Schokolade hacken. 150 g Schokolade zusammen mit dem Kokosöl in einer Schüssel über einem heißen Wasserbad schmelzen. Herunternehmen und etwas abkühlen lassen.

2 Die Bohnen abgießen, kalt abspülen und gut abtropfen lassen. In ein hohes Mixgefäß oder einen Standmixer geben, den Espresso zugeben und fein pürieren. Die Schokoladenmasse und den Agavendicksaft zugeben und untermixen. 50 g gemahlene Haselnüsse mit Kakao, Mehl und Backpulver in einer Rührschüssel mischen. Das Bohnenpüree zugeben und mit einem Rührlöffel kurz unterrühren, bis alles gerade eben verbunden ist.

3 Den Teig in die vorbereitete Form geben. Mit übriger Schokolade bestreuen. Im heißen Ofen (Mitte) 25–30 Minuten backen, so dass sie in der Mitte noch leicht feucht sind. In der Form auf einem Kuchengitter auskühlen lassen.

EIN GUTER GRUND, REGELMÄSSIG HÜLSENFRÜCHTE ZU VERWENDEN:

Egal, ob Bohnen, Linsen oder Kichererbsen: Die kleinen Power-Pakete sind ideal für eine nachhaltige vegane Ernährung. Sie sind reich an pflanzlichem Eiweiß, B-Vitaminen und Mineralien und liefern außerdem wichtige Ballaststoffe. Im Gegensatz zu manch anderen pflanzlichen Eiweiß-Lieferanten sind sie auch im Hinblick auf den Klimaschutz spitze. Sie sind anspruchslos im Anbau, wachsen fast überall, sind gut für die Bodenqualität und kommen meist aus Europa.

Darum: *Hülsenfrüchte sollten bei einer veganen Ernährung regelmäßig verzehrt werden. Besonders empfehlenswert (sowie preiswert) sind getrocknete Hülsenfrüchte in Bio-Qualität und aus Europa. Beim Einkaufen deshalb auf die Herkunft achten. Bereits vorgekochte Hülsenfrüchte in der Dose sind für die schnelle Küche praktisch, allerdings ist die Konservendose keine wirklich umweltfreundliche Verpackung. Es lohnt sich daher, z.B. am Wochenende eine größere Menge Hülsenfrüchte einzuweichen und zu garen. Gekühlt und gut verpackt halten sie sich mehrere Tage und lassen sich auch bis zu 3 Monate einfrieren.*

REGISTER

S

T

V

W

Z

HILFREICHE LINKS & APPS

www.albert-schweizer-Stiftung.de

Auf der Website der Albert-Schweizer-Stiftung, die sich vor allem für den Schutz von Nutztieren und deren artgerechter Haltung einsetzt, finden sich viele Infos zur Problematik von Nutztierhaltung, auch im Zusammenhang mit Umwelt- und Klimaschutz.

www.bmu.de

Auf der Website des Bundesministerium für Umwelt, Naturschutz und nukleare Sicherheit (BMU) finden sich seriöse und fundierte Informationen zu vielen Nachhaltigkeitsthemen; unter anderem zwei hilfreiche Broschüren:

- Nationales Programm für nachhaltigen Konsum. Broschüre, Stand 01.01.2019
- Wertschätzen statt Wegwerfen. Broschüre, Stand 01.11.2019

www.boell.de

Fast schon zum festen Informationsinventar bezüglich der Problematik von Fleischkonsum, ist der jährlich erscheinende „Fleischatlas" der Heinrich-Böll-Stiftung geworden, der sich kritisch mit Fragen zur Fleischindustrie und Nutztierhaltung auseinandersetzt.

www.nabu.de

Der Naturschutzbund setzt sich in vielfältiger Weise mit dem Schutz von Mensch, Tier und Umwelt ein. Auf seiner Website findet man Artikel und Studien zu vielen Themen auch rund um Ernährung, u.a. die Studie „Vorverpackungen bei Obst und Gemüse", aktualisierte Auflage 2017.

www.nachhaltiger-warenkorb.de

Der „Ratgeber für umweltbewussten und nachhaltigen Konsum" geht auf den von der Bundesregierung 2001 berufenen Rat für Nachhaltige Entwicklung (RNE) zurück. Er bietet einen praxisbezogenen, sehr umfassenden Katalog mit Antworten für nachhaltige Fragen in unterschiedlichsten Lebensbereichen.

APPS

GrünZeit

Die kostenlose App der Verbraucherzentrale Schleswig-Holstein zeigt auf einen Blick, welche Obst- und Gemüsesorten gerade Saison haben. Mit Hilfe eines Ampelsystems werden die Produkte nach sehr geringer bis hoher Klimabelastung eingeteilt und können auch gefiltert und sortiert werden.

Saisonkalender

Als praktischer Einkaufshelfer zeigt die kostenlose App des Bundeszentrums für Ernährung (BZfE) an, welche Obst- und Gemüsesorten zurzeit Saison haben. Dabei wird unterschieden zwischen Produkten aus heimischer Erzeugung und Importware.

Siegelklarheit

Wer wissen will, was sich hinter welchem Siegel verbirgt, ist mit dieser App von der Initiative siegelklarheit.de der Bundesregierung gut beraten. Sie listet die gängigen Label auf und bewertet sie im Hinblick auf Glaubwürdigkeit, Umweltfreundlichkeit und Sozialverträglichkeit mit Smileys und Farbcodes.

NABU Siegel-Check

Mit der App des Naturschutzbundes lässt sich mit einem Ampelsystem auf einen Blick feststellen, wie ökologisch ein Siegel ist. Das schafft Klarheit beim Einkauf.

Klima Kompass

Der CO_2-Rechner für die Hosentasche gibt nach Eingabe verschiedener Daten zum Lebensstil eine Einschätzung zum ökologischen Fußabdruck und zeigt an, wo Sparmöglichkeiten bestehen.

Go Green Challenge

Die App versucht spielerisch eine nachhaltigere Lebensweise zu fördern. Sie erinnert mit Tages- und Wochenaufgaben daran, ökologischer zu handeln und so neue Gewohnheiten für eine bessere Welt im Alltag zu übernehmen.

RegioApp

Sie hilft bei der Suche nach regionalen Lebensmitteln in der Nähe. Über die Umkreissuche lassen sich Direktvermarkter, Lebensmittelhändler, Wochenmärkte, Hofläden, Restaurants und mehr finden, die Produkte aus der Region anbieten bzw. verarbeiten.

Too Good To Go

Food Waste reduzieren und Geld sparen: Die App listet Lebensmittelgeschäfte und Restaurants auf, die übrig gebliebene Lebensmittel und Gerichte zu einem reduzierten Preis anbieten und so vor der Mülltonne retten.

AUTORINNEN & FOTOGRAFIN

Tanja Dusy fühlt sich am wohlsten, wenn es in der Küche rundgeht. Sie schreibt seit 20 Jahren erfolgreich Kochbücher und war lange Zeit als Redakteurin tätig. Als Küchenprofi entwickelt sie Rezepte, die nicht nur verlässlich gelingen, sondern auch das besondere Etwas haben.

Inga Pfannebecker hat ihre Leidenschaft für gutes Essen als freie Food-Journalistin und Kochbuchautorin zum Beruf gemacht. Am liebsten entwickelt die in Amsterdam lebende Ernährungswissenschaftlerin alltagstaugliche Rezepte, in denen sich gesunde Ernährung, neue Trends und Genuss perfekt ergänzen.

Lena Pfetzer ist 23 Jahre alt und freie Fotografin. In ihrem kleinen Studio in der Nähe von Heidelberg dreht sich alles um Food. Neben Fotos für Kochbücher und Firmen betreibt Lena außerdem den schönen Foodblog „Lenaliciously". Dort gibt es vor allem gesunde, einfache und vegane Rezepte.

NOCH MEHR GRÜNE KÜCHE

Veggie for Future – 150 Rezepte & gute Gründe, kein Fleisch zu essen
ISBN: 978-3-960**93-708**-1
28,00 € (D) / 28,80 € (A)

Einfach nachhaltig kochen – Der Umwelt zuliebe
ISBN: 978-3-960**93-849**-1
18,00 € (D) / 18,50 € (A)

Eat. Plants. – Heftig vegetarisch
ISBN: 978-3-960**93-500**-1
30,00 € (D) / 30,90 € (A)

IMPRESSUM

Bibliografische Information der Deutschen Bibliothek.
Die Deutsche Bibliothek verzeichnet diese Publikation in der Deutschen Nationalbibliografie.
Detaillierte bibliografische Daten sind im Internet über http://www.dnb.de/ abrufbar.

EIN BUCH DER EDITION MICHAEL FISCHER
1. Auflage 2020

Covergestaltung: Lara Nelles
Redaktion und Lektorat: Diana Jedrzejewski
Layout: Michaela Zander
Satz: Lara Nelles
Bildnachweis:
Rezeptfotografie, Aufmacher: Lena Pfetzer, Waghäusl
S. 22/23 © BLE – Das Poster (BestellNummer 3488) und das Taschenformat (BestellNummer 3917) sind kostenfrei und bestellbar unter www.ble-medienservice.de. Die App zum Saisonkalender steht kostenfrei zum Download im Appstore von Apple und Google Play zur Verfügung.
S. 26/27: © Europäische Kommission; © Bundesanstalt für Landwirtschaft und Ernährung (BLE); © Bioland e. V.; © Naturland – Verband für ökologischen Landbau e.V.; © Demeter e.V.; © ProVeg e.V.; © The Vegan Society; ©Vegorganic e.V; © TransFair e.V. (Fairtrade Deutschland); © GEPA – The Fair Trade Company; © Rainforest Alliance Certified™
Cover: © bosotochka/Shutterstock, © MicroOne/Shutterstock, © Number1411/Shutterstock, © Katsiaryna Pleshakova/Shutterstock, © Photo Boutique/Shutterstock © Vera Serg/Shutterstock, © Ksenia Zvezdina/Shutterstock, © designer/Shutterstock
Layoutelemente: © noicherrybeans/Shutterstock, © Number1411/Shutterstock, © Photo Boutique/Shutterstock, © Picsfive/ Shutterstock, © sathaporn/Shutterstock, © designerx/Shutterstock; © Beskova Ekaterina/Shutterstock, © Ksw Photographer/Shutterstock, © Angyee Patipat/Shutterstock
Moodbilder: S. 7/oben links: © Yulia Grigoryeva/Shutterstock; S. 7/oben rechts, S. 7/unten: © Nataliia Melnychuk/Shutterstock; S. 8: © lightpoet/Shutterstock; S. 11: © Olga Bondas/Shutterstock; S. 15: © Rimma Bondarenko/Shutterstock; S. 16: © Chirath Photo/ Shutterstock; S. 18: © Foxys Forest Manufacture/Shutterstock S. 21/oben links: © Foxys Forest Manufacture/Shutterstock; S. 21/ oben rechts: © mythia/Shutterstock; S. 21/unten: © Rawpixel.com/Shutterstock; S. 24: © sentelia/Shutterstock; S. 25: © Veronika Idiyat/Shutterstock; S. 28: © Igisheva Maria/Shutterstock; S. 29: © Foxys Forest Manufacture/Shutterstock; S. 30: : © Foxys Forest Manufacture/Shutterstock
Autoren und Fotografenfotos: links: © Klaus Maria Einwanger, Mitte und rechts: © privat
ISBN 978-3-96093-868-2
Gedruckt bei Polygraf Print, Čapajevova 44, 08001 Prešov, Slowakei
www.emf-verlag.de

MIX
Papier aus verantwortungsvollen Quellen
FSC® C145070